U0890343

CAN'T AVOIDECONOMIC CYCLE

避不开的经济周期

转折处的投资之道

屠海 博士——著

SPM
南方出版传媒
广东经济出版社

图书在版编目（CIP）数据

避不开的经济周期：转折处的投资之道 / 屠海著. —广州：广东经济出版社，2019.7
ISBN 978-7-5454-6714-7

Ⅰ. ①避… Ⅱ. ①屠… Ⅲ. ①中国经济-经济发展-投资战略-研究 Ⅳ. ①F124

中国版本图书馆CIP数据核字(2019)第080049号

出 版 人：李 鹏
责任编辑：罗振文 赖芳琨 周伊凌
责任技编：许伟斌
避不开的经济周期：转折处的投资之道
BI BU KAI DE JINGJI ZHOUQI：ZHUANZHE CHU DE TOUZI ZHI DAO

出版发行	广东经济出版社（广州市环市东路水荫路11号11～12楼）
经销	全国新华书店
印刷	佛山市浩文彩色印刷有限公司 （南海区狮山科技工业园A区兴旺路6号）
开本	890毫米×1240毫米 1/32
印张	7
字数	147 000字
版次	2019年7月第1版
印次	2019年7月第1次
书号	ISBN 978-7-5454-6714-7
定价	40.00元

如发现印装质量问题，影响阅读，请与承印厂联系调换。
发行部地址：广州市环市东路水荫路11号11楼
电话：(020)38306055 邮政编码：510075
邮购地址：广州市环市路水荫路11号11楼
电话：(020)37601980 邮政编码：510075
营销网址：http://www.gebook.com
广东经济出版社常年法律顾问：胡志海律师
·版权所有 翻印必究·

序言

PREFACE

屠海博士曾是我的同事，他让我为他的新书写序。说实话，我还真有点不知从何写起。一方面，我很少写这类文字，没什么思路；另一方面，我觉得但凡能替人作序者，大多是立功立德之人，自己还达不到这个层次。可是，我与屠海博士之间曾经有过“作序”的约定，也就只好以拙笔略书一二了。

回想起国元证券2006年初招聘员工的时候，当时公司刚获批“中证协第一批创新试点券商”资格不久，正在大力发展集合理财业务。印象中那年秋天的一个晚上，我与屠海博士一起商谈集合理财业务如何开展，他给我留下了深刻、鲜明的印象——谦谦学子，温润如玉。之后我与他也有过较多的沟通，其间我还出席过由他主持的“股指期货风险控制战略研讨会”，感受到他不断总结、探索前行的职业精神。还记得2007年，我曾带队去中证协参加“融资融券业务资格评审会”，其间我与他谈了许多关于投资者教育和信用管理方面的问题，并邀请他组织撰写相关小册子，用于公司各地营业网点的投资者教育实践活动，屠海博士很好地完成了任务。随后，他还特地赠送了证券行业“猛人”阚治东所著的《荣辱二十年：我的股市人生》一书给我。屠海博士是一位研究型的实干家，多年来其转战证券市场不同领域并取得一定成就。《避不开的经济周期：转折处的投资之道》一书，是他对多年来投资理念和方法的系统总结，对从事投资、管理的专业人员将大有裨益，能起到良好的启发和借鉴作用。回想我与屠海博士共事的时光，不由感慨，屠海博士在理论研究和著书立论中兑入了虔诚和胆略，持之以恒酿就了眼前这坛滋味醇厚的墨香好酒，诚邀大家共同启封，以示祝贺。

2019年A股市场将如何？屠海博士深谙巴菲特投资之道：在别人疯狂的时候恐惧，在别人恐惧的时候疯狂。《避不开的经济周期：转折处的投资之道》一书告诉读者，A股市场有着周期轮回之律、价值投资之道和趋势分析之技。这些精华融合了宏观经济趋势、经济周期理论和投资时间概念，论述了正处于转折期的经济周期与资产价格的波动趋势，对探寻穿越牛熊周期的投资路径和投资品种提供了较好的建议。

采百家粮酿一坛酒，这本书在结合波浪理论、江恩法则、混沌理论的基础上建立了具有特色的证券研究体系，在实战积累基础上形成了一套完整的交易方法和技巧，为读者梳理、精选出转折处城镇化投资、区域经济振兴、科创投资的趋势之道，较好地呈现了股市投资与潜心思考相融合的良好心境。是为序，兑现了我与屠海博士的十年之约，谨向读者推荐《避不开的经济周期：转折处的投资之道》一书，为证券市场投资者作点微薄奉献。

国元证券党委书记、董事长

目录

CONTENTS

第四部分

投资之道：摆脱思维模式，不走寻常路

第五部分

转折期的趋势之道

后记

第一部分

寻找经济周期的转折点

经济总是从复苏、繁荣、衰退到萧条，周而复始地发生着，每个人都身处其中。经济周期主要受商业周期、政治周期、社会周期等影响，其中，商业周期是市场经济中由个人或企业自主行为引发的商业律动，是进行经济形势分析和实施反周期宏观调控的基础，决定了经济运行的波动态势。现实中的经济运行潜势由多股商业周期力量叠加而成，其潜在增长率决定了经济运行的长期均衡趋势，是经济形势分析最基础的框架体系。现代经典经济周期理论归纳为：短波的农业周期、中短波的库存周期、中长波的设备投资周期、长波的建筑周期、超长波的创新周期。当今世界经济和金融周期已经或正在从上行转入下行，中国经济经历了四次较为明显的产能过剩现象，正确判断和面对由“旧格局”向“新周期”切换的转折周期，全面把握中国宏观经济、产能周期、金融周期、投资时钟等重要领域与实体经济、产业结构升级之间的交互影响，寻找中国经济从高速发展转向高质量发展的路径，获得全面、独到的金融市场周期和大类资产的研究分析框架，具有重大的现实意义。

第一章 经济周期循环出现拐点

从大类资产配置的角度，投资时钟揭示了在经济周期不同阶段大类资产的相对表现，是进行大类资产配置的基础方法之一，其背后的核心是对经济周期阶段的预判。宏观经济运行在微观上表现为企业产能调整活动（设备投资、就业雇佣等），企业的扩产能或去产能行为表明了对未来国民经济景气的预期。从其他商业周期与产能投资周期的关系看，短期的库存调整是中期产能调整的缓冲带，而长期的创新周期是技术革命引发的商业机会和产能投资浪潮。

产能周期分为四个阶段：第一个阶段，在经济繁荣的时候，由于企业家过度乐观，导致产能扩张以及随后的产能过剩。第二个阶段，由于产能过剩，供过于求，供求格局恶化，引发通缩。在漫长的通缩过程中，中小企业退出，大企业淘汰落后产能，这是一个供给出清的过程。第三个阶段，产能出清尾声，行业集中度大幅提升，剩者为王，企业利润改善，开始修复资产负债表，为新一轮产能扩张蓄积力量。因刚刚过完冬天，企业对未来前景仍然谨慎，新增产能扩张不是很明显。第四个阶段，随着企业盈利持续改善和资产负债表修复，终于看到新的产能扩张，带动需求，增加供给。

每一轮产能过剩都是上一轮的消费升级和主导产业投资浪潮所致，比如20世纪80年代的轻工业、20世纪90年代的耐用品行业、20世纪以来的重化工业，上一轮的新兴成长行业很有可能成为下一轮产能过剩的传统行业，产能扩张收缩调整过程也是产能升级螺旋式上升的必经过程；每一轮产能过剩的暴露都跟内外需求萎缩有关，产能出清受阻不仅有周期性因素，更有体制管控因素，如出现国企得到政府补贴、银行不愿意不良率暴露、地方保护主义等状况。

产能周期和金融周期共同决定了经济周期的时间长短，一般而言，历时54 ~ 60年的长波经济周期会出现7 ~ 8个波段子循环周期。国内生产总值是可靠的经济发展状况指标，根据《中国经济年鉴》数据显示，中国经济循环低点出现在1961年、1968年、1975年、1982年、1990年和1997年，基本上每次中级波段循环7 ~ 8年，以此推测，2019—2020年将迎来中级波段经济周期循环的低谷，也即本书定义的经济周期转折处（2017—2021年）转折点。自改革开放以来，中国经济产能周期经历了四轮波段，分别是：1980—1991年，1992—2000年，2001—2008年，2009—2016年四轮周期，每轮周期平均历时111个月，呈逐渐缩短之势，而2017年处于第五轮产能周期的起点。从中国近期GDP[①]增速变化（见图1-1）和PPI[②]看产能周期变化趋势（见图1-2）角度分析，一般来说，中国经济周期上升期始于2001年前后，在2008年年中见顶后开始进入下滑期，2008年国际金融危机本应进行过剩产能出清，但是2009年“四万亿刺激”进一步扩张了新产能，产能过剩进一步堆积，一直到2016年底接近产能投放尾声，步入漫长的产能出

① GDP：国内生产总值。

② PPI：工业品出厂价格指数。

清阶段。经过2016年以来的供给侧结构性改革，这一轮产能出清已进入新周期，2017年企业盈利和资产负债表开始修复，步入剩者为王、强者恒强的时代。经过长达两年的去产能、通缩和资产负债表调整，我们在2019年已经站在新周期产能转折的起点上，初步预测本轮经济产能周期时间为2017—2022年。随着产能循环进入新周期，发力经济增长动力，新产能再次扩张，通胀也迎来高潮周期（10年周期循环），经济过热带来宏观调控的深入，让经济保持稳定逐渐变“高点”为“低点”。我国历史上的通胀高潮出现在1953年、1964年、1984年、1990年和2000年，自1993年国家实施宏观经济调控后，通胀周期轨迹变为平均9年循环，据此推测，2026年是本轮通胀经济子周期循环的“高点”。这样，从“低点”到“高点”，本轮通胀经济子周期循环上升波

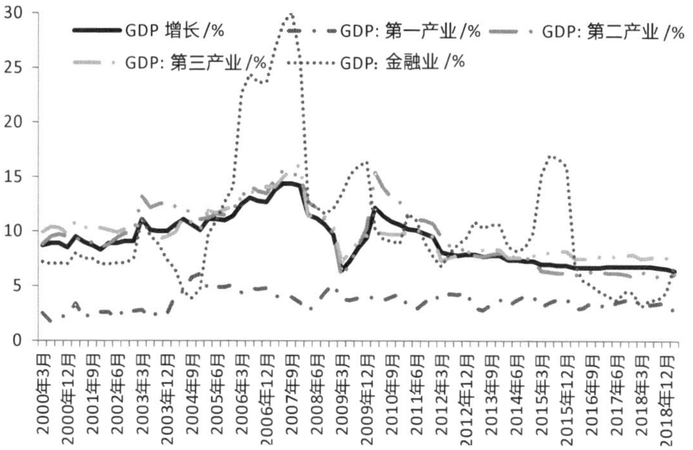

图1-1　中国GDP增速变化趋势

动期将历时近4年（2023—2026年），也符合江恩理论完整经济循环周期理论基石。

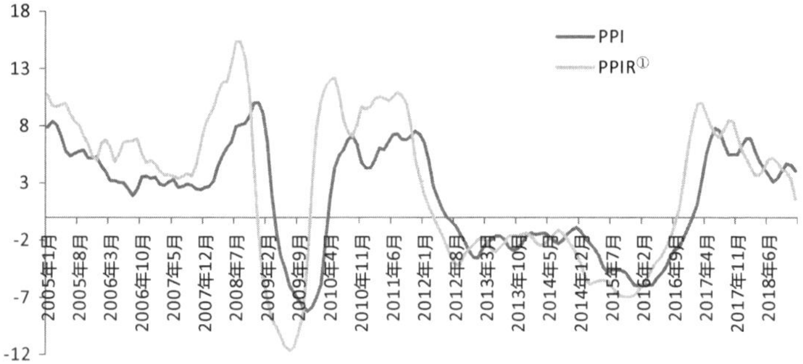

图1-2　从中国PPI看产能周期变化趋势

① PPIRM：工业企业原料、燃料、动力购进价格指数。

第二章

金融周期进入下半场

回顾美国近百年来经济金融发展史，伴随货币政策松紧、监管制度调整、社会信贷扩张收缩以及金融工具创新，金融市场也随之呈现周期性波动。历史上主要有三轮金融周期伴随影响深远的经济衰退危机，分别对应大萧条（1929—1933年）、储贷危机（1988—1989年）和次贷危机（2007—2008年）。从美国的历史经验来看，三次金融周期的轮回与交替呈现以下周期共性：①监管放松、信贷扩张、资产价格大涨开启金融周期上半场；②金融周期的顶峰往往伴随着资产价格泡沫、银行业危机或显著的金融抑制；③利率上升、外部冲击以及监管趋严刺破泡沫，进入金融周期下半场。

理论上，金融是实体经济的映射，商业周期的另一面是金融周期、信贷周期、杠杆周期和债务周期。金融周期波动的核心在于信用的收缩与扩张，金融周期上半场货币宽松、信贷扩张、资产价格上升，反过来进一步刺激各部门加杠杆，债务率迅速攀升。信贷资本的扩张带有强烈的自融性、顺周期性，而债务的扩张不具备可持续性，一旦到达临界点则资金链断裂、泡沫破灭，金融周期进入下半场，信贷信用朝相反方向快速紧缩。当前无论从广义货币M2[①]对GDP贡献度还是从CPI[②]增速减缓程度看，金融周期已进入下半场（见图1-3、图1-4），当前正处流动性退潮阶

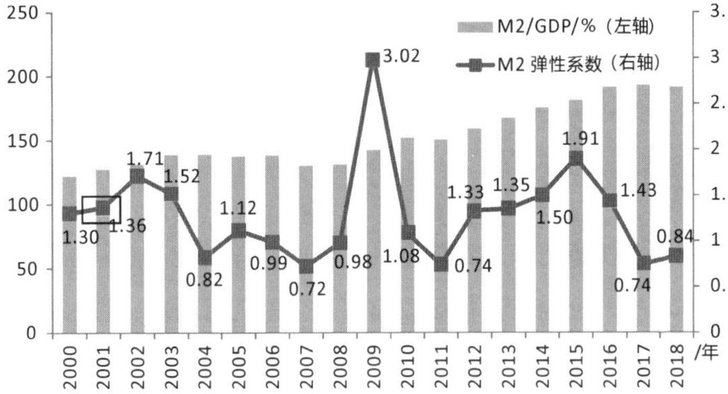

图1-3　从M2对GDP贡献度看金融周期趋势

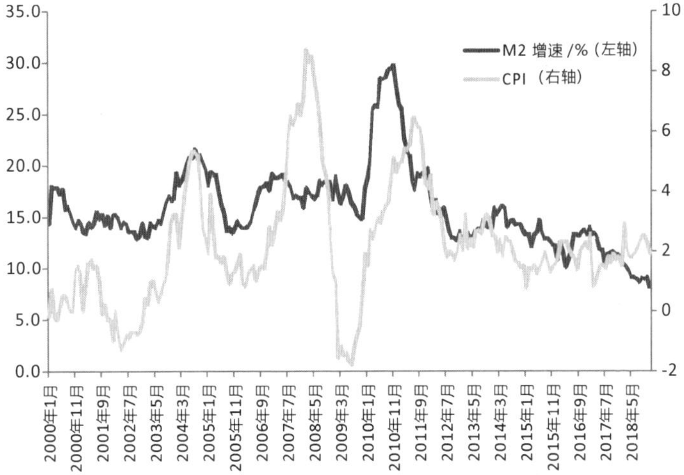

图1-4　M2增速减缓决定金融周期趋势

① M2：广义货币供应量，用来反映货币供应量的重要指标，同时反映现实和潜在购买力。

② CPI：消费者价格指数，我国称之为居民消费价格指数。

段，引发P2P爆雷、信用债违约、大股东股权质押风险、企业融资成本上升等现实问题，使得社会融资增速延续下行态势，难以进入实体经济，迫使货币政策和金融监管逐步从去杠杆转向稳杠杆，以应对经济下行压力。简单而言，经济增速较高时，M2/GDP应保持在一定水平附近，若超过这一水平，说明货币超发，PPI随之上升，反之亦然。尽管目前通胀的小幅波动对货币政策影响较小，但应警惕一旦通胀大幅上升（或大幅下行）货币政策转向的可能性，即宏观调控在总体趋势上应保持CPI与长短期利率同步变化，而与长短期利差则趋反向变动的调控目标。对投资者而言，目前不仅要面对市场的流动性风险，还需要面对资金面的流动性风险。事实上，在金融周期下半场金融机构的资金面相对比较宽松，存在资金紧张压力的投资者几乎来自公司与个人。一般来说，中国经济有着典型的三年半的信贷金融周期，本轮产能周期（2017—2022年）已进入下半场，也就意味着在2022年底将迎来本轮信贷金融周期的转折点。

第三章

寻找经济周期转折新热点

熊彼特的“创新理论”解释了经济增长的动力，人口增长率、储蓄率和技术水平决定经济增长，技术进步是经济增长的核心。大部分的技术进步源于市场激励而致的有意识的投资行为，即技术是内生的；创新能使知识成为商品，知识和人力资本出现规模收益递增，从而能够促进经济长期持续增长。纵观历史，自18世纪末以来，伴随着五次跨时代的技术革命出现，全球经济走过了五个不同的阶段，分别为：蒸汽机时代、钢铁铁路时代、电气和汽车时代、汽车和自动化时代、计算机及信息时代。从技术经济范式角度来看，每轮技术浪潮都更新了整个生产体系，更新着人类社会的产出品，标志着人类社会永不停息的脚步。经济中生产结构的调整和变化，是在主导产业、基础设施与非主导产业之间利润率的非均衡运动所致投资在各部门之间的转移和吸纳过程中进行的，并最终形成了长期的周期性波动。熊彼特说，创新能够从内部不停地革新经济结构，即不断地破坏旧有的秩序和结构，同时再不断地创造新的结构。熊彼特区分了创新的五种表现形式，即为：①一种新物品的采用；②一种新生产方式的采用；③一个新市场的开辟；④原材料或半制成品的新供给来源的获得；⑤一个行业的新组织出现。在创新过程中，作为资本主义灵魂的企业家，他们最根本的职能即是通过构建生产要素与生产条件的新组合，并将这些新组合引入到现有的生产系统中，以最大限度地获取超额利润。事实上，每一次长波周期确实由技术革命所引导，但技术的运动在推动经济增长的同时，将形成一套新的技术经济范式，这也会带来社会结构的变化。同时，新技术自身的导入至成熟产业的生命周期，也对应着经济长波周期的变化。在每一次技术和经济的转换节点，增长就会进入新的阶段，资产价格也会有着不同的投资逻辑，从而寻找出其中周期的转折点。统计数据表明，上市公司产业结构正开始体现国家产业政策，而上市公司兼并重组产生了一定的产业组织优化功效以及带来技术密集型上市公司占比提高。考察我国资本市场内的资本流动与实体经济中产业结构调整互动关系以及股市资本在不同的成长性行业此消彼长状况，发现我国资本市场资源配置的优势并没有得到充分体现，即最具经济优势的行业并未在资本市场得到有效识别和发展，而低成长行业依然在衰落、亏损中徘徊，进而导致资产的错配。因此，只有将股市融资、资本积累、产业结构升级三大要素有机整合，才能有效降低产业的融资成本，提高投资收益，从而实现资本的积累，进而通过引导投资方向和改变消费需求来促进产业结构升级。

从当前世界经济结构演变趋势来看，技术进步是影响产业结构变动非常重要的因素，而投资是影响产业结构形成和变动的直接原因，资金充裕和投资偏好既可以影响产业结构，又能促进按收益性、安全性、流动性原则对竞争行业的投资性项目进行评估，促进资金从低效部门向高效部门转移，提高投资收益。

利用资金流量法分析我国股票市场的产业分布特征发现，我国上市公司产业结构整体呈现这样一种情况：第一产业比重变化趋势与国民经济整体结构大致相当，但增速明显低于国民经济增速；第二产业增速显著高于国民经济增速，较好地支持了技术密集型产业、高新技术产业的发展；第三产业的飞速发展更多体现了时代特征。产业结构转型升级具有鲜明时代特征，而工业增加值和工业用电量增速是国民经济核算的一项基础指标，它反映了在一定时期内对工业企业的投入、产出和经济效益趋势状况，当前工业增加值和工业用电量增速经过下滑衰减后已处于相对平稳趋势（见图1-5），有利于产业结构转型升级。目前产业结构转型

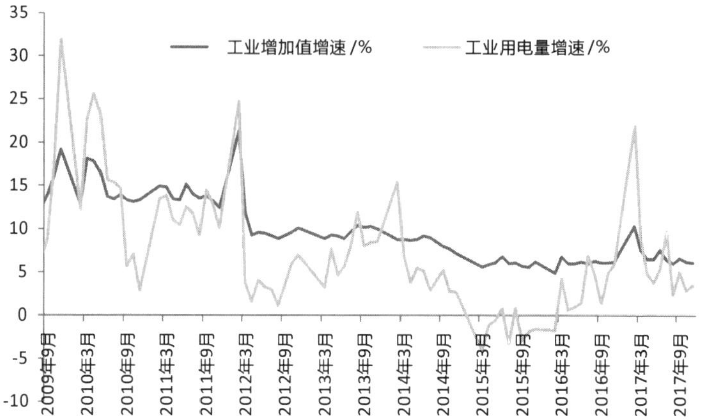

图1-5　工业增加值和工业用电量增速衰减趋势

升级的重点应加速发展信息设备、制造业、信息服务业和生物工程等诸多高技术产业，用各种高新技术改造传统产业，完成制造装备的智能化、柔性化改造，从而增强企业的核心竞争力，获取

应有的投资收益。

经济长波周期本身被视为社会演化的过程，包括技术、经济、制度三个层面，三者的演变会对社会结构和社会文化产生影响。笔者认为，这三者存在基本演进路线：技术创新→经济增长→制度变革。经济长波60年的运动发端于技术创新，新技术的导入与资本的狂热，极大地推动了经济的增长，创新周期迎来爆发期。随着新的技术逐渐从主导产业向全产业延伸，技术的边际收益降低，经济长波效应从衰退走向萧条，企业创新红利不得不靠并购重组集中利润或走向海外输出产能，体制改革促进精细化管理来降成本提升效率。然而，经济增长的内生动力依然是创新驱动。当今正处在第三库存周期后半段的转折处，未来，随着新一轮上升周期的开启，经济长波周期步入萧条期，创新驱动的黄金时代即将来临。

第四章 中国经济结构存在周期弱化和产业升级

自1776年亚当·斯密发表《国富论》这本书开始，经济学才成为一门社会科学，其到现在不过240多年。美林投资时钟理论说白了就是把宏观理论和市场实际结合起来，通过经济增长、通胀两大指标把经济周期划分为复苏、过热、滞胀、衰退四个区间。自2012年之后中国经济周期出现了波动很小、经济增长缓慢下降、通胀下行、PPI是负的周期弱化和产业升级现象。

一、透过宏观经济看周期弱化和产业升级现象

中国经济2018年三季度GDP增速回落至6.5%，创近10年新低，第一、第三产业增速回升，第二产业回落明显，工业增加值增速5.8%，跌破2016年以来6%的增速下限，但受制造业投资反弹和民间投资企稳支撑及人民币贬值影响，名义消费回升，中国经济继续扮演世界经济增长支柱角色。分析认为，目前的经济下行主要来自内需疲弱和贸易战心理影响，表现为货币信贷增速偏低，M2增速停留在8.3%，且中长期信贷下滑及人民币贬值，表外融资继续负增长，银行风险偏好保持低位，资本市场融资功能基本丧失，于是，外部面临着中美贸易摩擦带来的诸多不确定性，内部面临着企业经营困难、居民消费不振、市场信心疲弱等诸多难题，6.5%的当季经济增速已触及政府的增长预期底线，可能重

新进入政策调整期。政策上除了财政政策继续发力、货币政策边际宽松之外，还需多措并举提振市场信心，扭转资本市场单边下行局面。

流动性、经济增长、通胀、债务这四个指标是刻画经济周期最重要的维度，而且存在领先、滞后关系。流动性指标如M1[①]、M2、社会融资总量增速、新增信贷，而利率指标如存贷款利率、国债利率、回购利率、理财信托利率等，这是影响资产轮动、决定市场涨跌的关键因素。经济学家凯恩斯认为，经济之所以持续低迷，是因为有效需求不足，所以要压低利率刺激有效需求，货币会先于经济增长。GDP同比与各项企业盈利指标相关性很强，因为在驱动经济增长的模式中，总需求的扩张和收缩对盈利的影响非常明显，通过GDP增速可以推导企业收入增速，再以CPI、PPI的变化推导毛利率和经济变化趋势（见图1-6），进而通过利率、

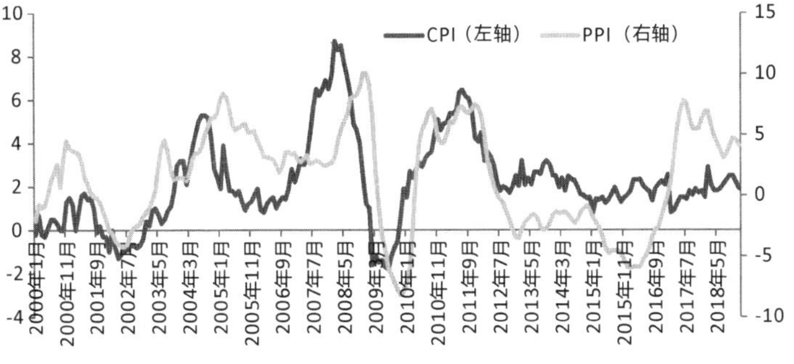

图1-6　从CPI和PPI价格指数变化看经济周期趋势

① M1：狭义货币M1，是一个宏观经济学概念，其计算方法是社会流通货币总量加上商业银行的所有活期存款。

税收等再推导费用和利润。在中国转型期经济变革中，技术进步、产业结构调整等变量作用上升，也会影响盈利的结构性力量（净利润率、净资产收益率）大于周期性力量（收入增速、杠杆率），体现为宏观经济周期波动小、中观产业结构变化大的周期特征（见图1-7）。目前A股的周期性行业利润占比已下降至17%，而消费和科技占比已上升至18%，盈利结构已经发生了变化。

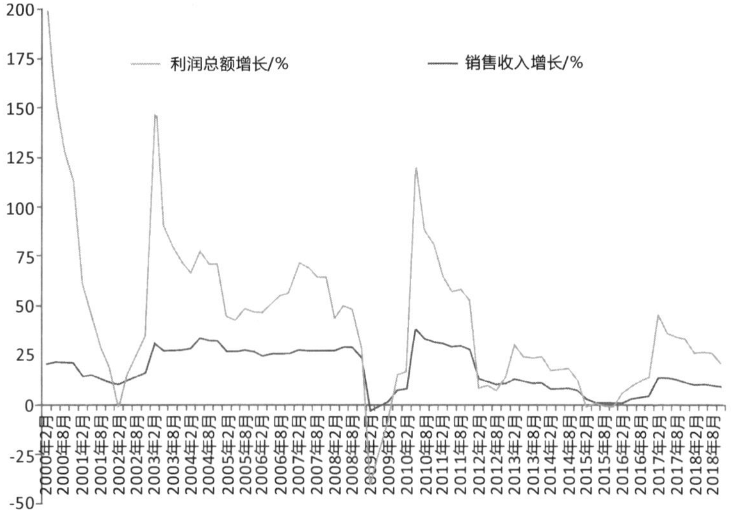

图1-7　工业企业盈利能力变化趋势

二、中国经济的产业发展周期

1990—2000年消费制造时代。1992年初，邓小平南方谈话，社会主义市场经济地位确立，改革开放速度加快，中国经济迎来快速发展，GDP同比增速从1990年的3.8%快速提高到10%以上。经过市场经济的初期积累后，居民整体收入水平在20世纪90年代出现了明显提升，1997年人均年总收入突破5000元大关。收入提升直接催生当时城乡居民的消费升级诉求，在“老三件”（手表、自行车、缝纫机）逐渐普及后，以“新三件”（彩电、冰箱、洗衣机）为代表的家电产品深受消费者青睐，成为这一时期的消费主流。快速的经济增长显著提高了人民的生活水平，全社会月均消费额由1991年的687亿元增至1997年的2275亿元。

2000—2010年工业制造时代。2001年12月11日中国正式加入世界贸易组织（WTO），这意味着中国与世界开始全面接轨。由于中国人力成本低廉，“入世”给中国制造业带来全新的发展机遇，GDP同比增速开始逐渐从8%提升到10%以上。入世后首先受益的是进出口贸易，中国对外贸易景气度大幅提升，2002—2007年进出口金额同比增速始终维持在20%以上。此外，2003年《国务院关于促进房地产市场持续健康发展的通知》下发，开启了房地产市场化的进程。随着城镇化率的提升，房地产黄金期来临。2000—2010年我国20～39岁住房刚需人群达到阶段顶峰，商品房

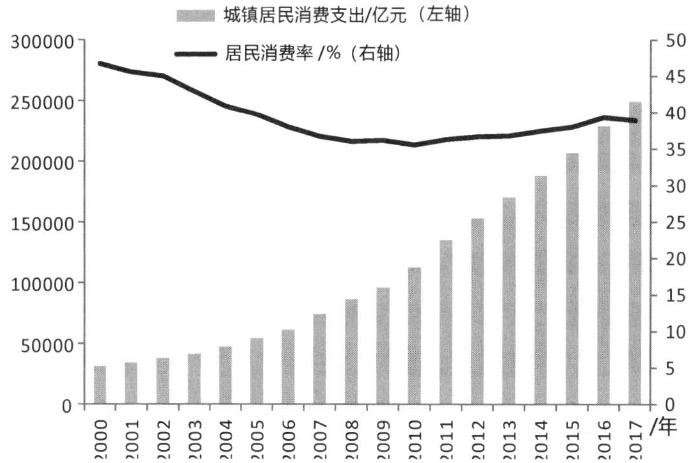

图1-8　人口红利释放已开始放缓

销售面积累计同比增速的平均值为22.4%，住房消费需求随之集中释放。随着2010年人口红利释放已从“高点”放缓（见图1-8），中国房地产投资增速开始放缓（见图1-9）。

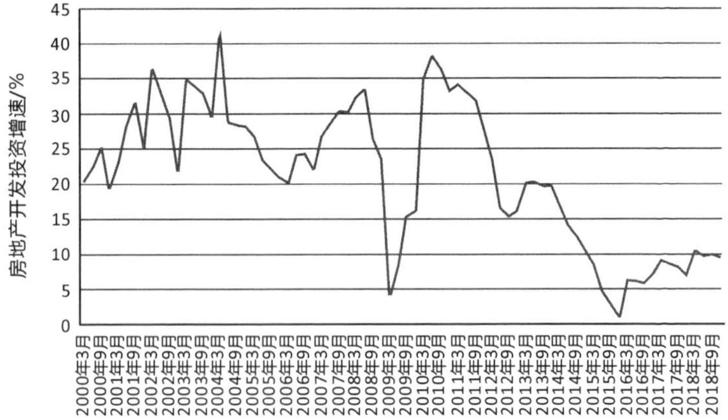

图1-9　中国房地产投资增速趋缓

2010年以来，进入智能制造时代。2010年以来，美国引领全球经济增长动力从要素驱动切换到创新驱动，中国2015年发布《中国制造2025》，提出创新是引领发展的第一动力。“中国特色社会主义进入新时代”，满足人民美好生活需要的行业正成为新时代的主导产业。可从人口、技术、政策三个影响因素看产业发展趋势。从人口层面看，伴随人口平均年龄上升，住房需求逐渐萎缩，投资、医疗、养老等服务需求增强明显。从技术层面看，继20世纪70年代半导体与计算机产业壮大带动上一轮全球技术浪潮后，2010年前后开始的以信息技术为代表的新一轮全球技术浪潮仍在进行中，移动互联网在中国加速渗透，全球工业4.0进一步强调数字化、智能化的未来发展趋势，深度学习、知识图谱的发展使得人工智能在各领域应用中都有了大幅提升，同期计算成本的下降、大数据和相关支撑技术的发展，推进了智能制造的快速发展。从政策层面看，先进制造、新兴消费仍是未来几年的政策扶持方向。2015年底中央高层提出供给侧结构性改革，简单概括为“两步走”：第一步是通过“三去”解决旧经济的问题，实现稳中求进的稳；第二步是向“一补”倾斜，即政府的政策重点从之前的PPP（政府和社会资本合作）、棚户区改造转向5G投资、半导体产业基金等方向。消费、资本、服务业对GDP增长的贡献度见图1-10。

三、透析2017—2019年中国经济运行趋势

在经济周期与金融周期背离以及低利率环境影响下，2018年中国非金融部门宏观杠杆率为239%，企业部门去杠杆仍是当前债务周期最主要的下行力量，其主要原因还是受金融同业负债下降所

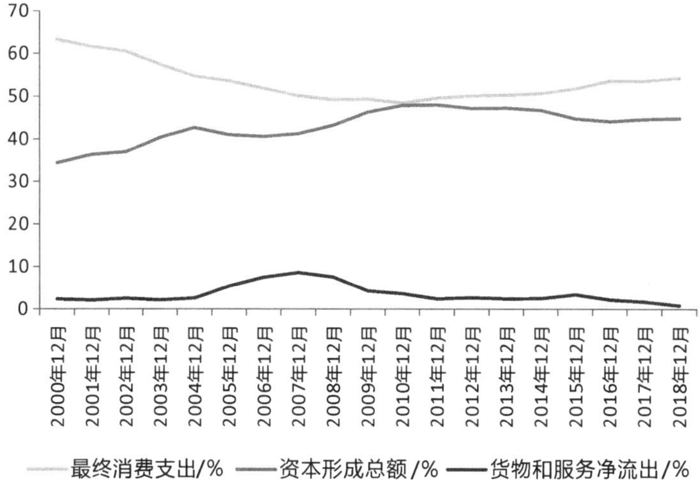

图1-10　消费、资本、服务业对GDP增长的贡献度

致。总体来看，除贷款外，非标[①]和直接融资都在收缩，而贷款中的长期贷款也同时收缩，印证金融周期趋势继续回落。在整体信用收缩背景下，企业直接融资的收缩或与地方债融资加速的挤出效应有关，而企业短期信贷的回升或有助于在企业部门景气下行中续命。可喜的是，制造业投资持续回暖是当下经济运行中不可忽视的积极因素，投资增速达到7.5%，回暖幅度接近1倍。但2018年固定资产投资增速呈现单边下滑态势，下行至年内8月份的5.3%，创下历史新低。从结构看，固定资产投资呈现“一升双降”的格局，即制造业复苏、房地产投资与基建投资下行。资金是推动制造业投资的直接力量，而利润是制造业投资加速的驱动器。从历史规律看，制造业利润增速大致领先投资增速1倍左右，从行业内部结构看，供给侧结构性改革行业的贡献由负转正才是制造业投资内生性发展的最大边际变化，其中装备制造业与原材料加工业是拉动制造业投资回暖的主要来源。从内部结构看，通信设备、计算机及其他电子设备制造业对高技术制造业的贡献率最高，达到64.52%。可以预测，未来制造业投资持续回升空间相当有限。目前，制造业投资回暖已处于短期高位，峰值或将临近，其驱动因素有所趋弱。再加上部分行业产能利用率下降、贸易摩擦引发出口转弱抑制投资意愿等因素都将对制造业投资持续回暖产生拖累。总之，随PMI和工业增加值增速已从下行转为平稳态势，但产品库存仍处高位运行（见图1-11），经济恢复指日可待。

中国经济正在推进结构性去杠杆与资产管理整顿进程，前者

① 非标：按交易场所定义，没有在证券交易所和银行间市场上交易的债权类资产。

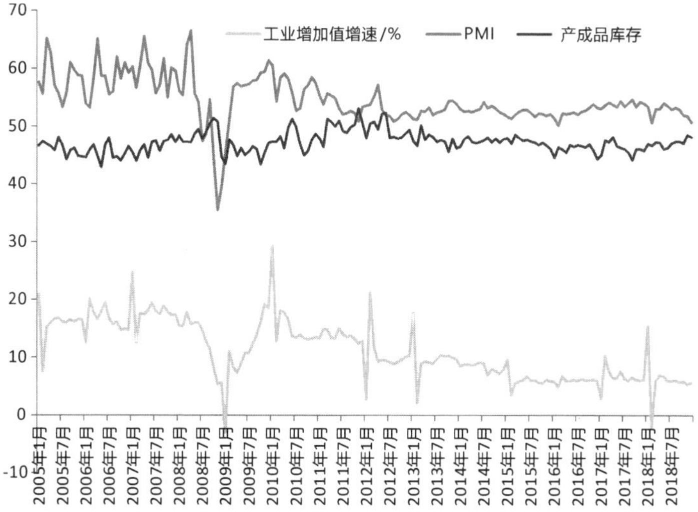

图1-11　PMI和工业增加值增速下行，产成品库存高位运行

从需求出发，紧缩地方政府、国企及房地产业财政；后者从供给出发规范影子银行。随着金融周期下半场紧信用缓和及风险偏好回升，去杠杆整体影响先抑后扬，表现在原材料价格方面，2018年下半年后期上游原油价格回落至原点、煤炭价格回升、铁矿石价格回升，中游钢铁价格回升、有色金属价格分化、水泥价格回升、玻璃价格回落。库存方面，上游原油库存回升、煤炭库存分化、铁矿石库存回落，中游钢铁库存回落、有色金属库存分化。而在需求方面，汽车销售继续回落、商品房销售重新回升。流动性方面，市场资金利率整体回落，10年期国债收益率回落，人民币对美元贬值。

根据最新规模以上工业企业数据，当前包括部分周期行业以及以食品饮料、纺织服装为代表的消费行业集中度不断提升，盈利向头部企业集中。从分类看，供给侧结构性改革去产能、环保监管加速中国当前煤炭、水泥、稀土、电力等龙头上游产业集中度不断提升，排污许可证制度、环保政策压力进一步制约造纸行业中小企业的发展。中游工程机械制造行业在“黄金10年”见顶后，逐步开始去产能进程，产业集中度陆续见底回升，以挖掘机集中度为代表，呈现U形回升。新零售趋势、二胎政策、渠道下沉等因素又将进一步推高家电、食品饮料等消费类产业集中度，而通信产业的头部品牌正成为新技术的引领者与普及者。“两票制”压缩流通环节、营改增、医保资质放开、处方药外流等政策因素助推医药零售集中度和景气度提升，5G、半导体、LED芯片、云计算、游戏等新兴行业正在快速崛起。从近20年来的集中度变化来看，原本集中度就很高的行业集中度提升幅度更大，新兴产业崛起，反映了并购重组和经济结构转型是产业升级的最直接原因。

经历了2013—2018年6年并购重组周期，伴随中国资本市场的大幅调整，以及监管政策的不断趋严，重组并购模式告一段落，2018年A股迎来商誉减值计提高峰和解禁高峰。从2019年开始，伴随中国制造业升级，国产替代继续快速推进，人工智能技术、以NB-IoT为代表的物联网技术进入快速发展阶段，大数据、云计算迅速普及，工业互联网、智慧政务成为互联网的新增长点，智能手机进入新的换机上行周期，VR/AR、智能驾驶、区块链等技术在5G落地后取得新进展，有望推动新一轮产品创新和技术进步，开启新的3年科技上行周期。

全球价值链缔造科创范式。随着党的十九大“高质量发展”新的科创政策周期启动，我国正自上而下推动建立国家创新体系（NIS）。科技领域的3年行动计划已大量出台，市场正沿着NIS寻找提振风险偏好新经济领域发力点，中央和地方的战略新兴产业发展基金加速设立，合计3.7万亿元的战略新兴产业基金已宣告成立，科创板推出指日可待。

据申万宏源研究报告分析，2019年宏观基本面趋势依然向下，中国经济增长量价齐跌已是一致预期，2019年非金融石油石化的归母净利润同比下降1.5%，节奏上前低后高，全年低点出现在2019年第二季度。尽管2019年名义GDP增速回落，但房地产投资、基建投资和消费增速可能都将保持基本平稳，2019年3—7月CPI增速接近3%，但在总需求不足下，通胀不再构成经济约束条件，使得无风险利率下行成为可能，也成为企业成本收益的主要来源，2019年中国经济仍将会体现出一定韧性。2019年非金融石油石化收入增速将回落至7.9%（2018E[①]为12.5%），ROE将回落至8.0%（2018E为9.2%），对应归母净利润增速将回落至-1.5%（2018E为10.5%）。坚信2019年下半年基数效应带来的盈利改善未必就是“业绩底”，仍需后续继续观察确认。无风险利率阶段性回落和风险偏好上行是2019年主要的收益来源，“创投思维”在经济管理中已占据上风，新经济领域重回良性发展通道，传统核心资产面临基本面承压。理论上把用社会融资增量增速和固定资产新开工增速合成的“投资领先指标”、上市公司和企业盈利增速及10年期国债利率作为把中国股市划分为复苏、下行、转折三个阶段的判断依据。一般而言，复苏阶段对应牛市周期，地产产业链占优；下行阶段行业指数估值下行，呈现小盘风格，此时主题投资会占优；而转折阶段指数往往表现不好，价值成长

① 年份后面的E表示预期数据，并非报表数据。

投资和防御板块多半占优。自2016年第一季度开始，中国股市经历由复苏到下行的转折，指数估值水平持续下行，2018年中期开始10年期国债利率首次下行至3.5%以下，整体估值水平下杀基本结束，上市公司运行阶段逐渐从下行期向转折期迈进，整体市场风格开始由主题类向价值成长投资转变。景气度有望向上的细分主题或趋势主要有5G、半导体国产化、乡村振兴、大众消费品牌化、医药商业集中化、医疗器械等，而在政策层面则充分体现了对股权融资支持态度的转变、科技创新提速所带来的参股和股权激励逐步增多的迹象。

贸易保护主义与资本溢出能阻碍中国新一轮经济周期复苏吗？回顾中国贸易1979—2001年的历程，中国通过渐进式的对外开放战略，采取先试验、取得成功经验之后再推广的方法，走出了一条成功的渐进式对外开放之路。2001—2010年，中国加入WTO（世界贸易组织）以后，对外开放政策由政策性开放向制度性开放转变，进一步深化涉外经济体制改革，促进贸易投资便利化，对外贸易高速发展。2010年以来，贸易拉动经济增长的引擎作用开始弱化，经济增长更多依赖国内、区域内经济活动，取决于能否成功融入全球价值链获得的竞争优势，从而不断进行产业升级。

现有国际货币框架决定了货币国际化之路必然充满巨大阻力。货币秩序的终极矛盾在于所有的国家最终都要持有以美元计价的外汇。美国借着美元—美联储—美债创造了国家财富的终极闭环。某种意义上说，通过美元一升一降，加息降息，或是拉高、降低油价，就可以把他国创造的财富割几次羊毛。所谓

“贸易战”，本质是构建金融秩序的手段，其第一个挑战就是美联储加息。美联储加息预期，使得美元走强，从而导致全球资本回流美国本土，美元资产升值。同时，特朗普在国内减税，在外部增加关税，政策叠加也会吸引一些企业到美国投资。第二个挑战是中美贸易摩擦，其折射出中国在改革开放领域仍有很多功课要做。美国发起“贸易战”，限制中国企业对美投资并购、对中国高技术企业实施出口限制的目的之一就是抑制中国高技术制造业、先进制造业、高端装备制造业的发展，但历史大趋势是无法改变的，美国的这些举措只会加快我国在这些领域的自主创新步伐。随着中美贸易战的深入和美元走强，中国作为新兴市场国家，无可避免地面临资本流出与汇率贬值压力，中国10年期国债收益率会面临一定上行压力，短期外部风险仍存，但长期来看中国国债利率趋势向下，对中国实体经济的影响有限。当美国经济较强、美联储处于加息周期、美元阶段性强势时，我国稳经济更需要改革开放来化解诸多矛盾核心，迎接下轮资本回流。尽管中美贸易摩擦存在，但考虑到2019年美国经济增速下行压力增加，中美经济周期逐渐趋同，中美贸易摩擦有朝积极方向转化的可能。美联储加息节奏放缓，中美利差再次走阔，美元指数回调，人民币贬值在短期内已部分对冲了贸易摩擦的不利影响，人民币汇率已触底回升，最差的预期已有充分反应，中国已经走出外需增长动能减弱的拐点，因此说明改革开放是我们最好的应对措施。随着中美经贸磋商取得积极效果，中美两国贸易及世界经济发展必将拥有强劲的动力，这也是市场、企业的必然选择，利好中国经济长期健康发展。

第二部分

股市周期循环

股市周期是描述股票市场价格变化的一个特定术语，指股票市场价格长期升势与长期跌势更替出现、不断循环的过程。换言之，股市周期是指股票价格上涨下跌的一个循环，即熊市与牛市不断更替的现象。我国股市波动的周期性是由宏观经济运行的周期性、国家经济政策的周期性、政府工作的周期性、上市公司各项信息披露的周期性和投资者交易行为的周期性共同引起的。一般而言，经济周期决定股市周期。经济过热时股市下跌，经济滑坡时股市继续下跌；经济触底时股市上涨，经济回升时股市继续上涨。反之，股市周期也会从宏观和微观两个方面间接地影响经济周期。宏观上通过金融市场和产业政策产生作用，微观上则会影响企业的经营和发展。政策周期对股市周期也会产生影响，其影响分为宏观政策和股市政策两个角度，不同层面的政策对股市的影响各不相同。同时，股市周期对政策周期具有反作用，但这种反作用并不会对宏观政策产生质的影响，仅仅影响到主要行业的周期性，从而影响产业结构升级。由此可见，股市周期循环受宏观经济周期和产业结构政策影响较大，也反映了一种市场预期的周期规律，是经济长波周期子循环的延续过程。承上启下分析预测本轮经济长波周期循环区间为1978—2031年，这是自中国社会进入改革开放以来，历时54年跨度的时间周期经济循环长波。

第一章 股市周期循环的确立

股票市场是一种既受市场供求关系影响，又受投资交易者投资情绪、心理和趋势判断影响的特殊市场。从发展过程来看，一个股市周期包括熊市与牛市两个阶段，依次经历低迷期、青年涨升期（初升段）、反转回落期、壮年涨升期（主升段）、老年涨升期、下跌幼年期（初跌期）、中间反弹期、下跌壮年期（主跌段）、下跌老年期（末跌段）。江恩时间循环理论通过计算证券市场循环运动的时间周期来测算股票牛熊转换的时间关系，认为历史上的起点具有影响市场全局、引领市场趋势演变的意义，许多大顶、大底均在其周期比率中衍生出15年、10年、7.5年、5年、3年、2年、1年周期，具有各时间周期指导意义。实践中，黄金周期（20年）、大宗商品CRB商品指数（15年）、外汇周期（10年）、股市周期（10年）各具规律特征。在股市10年周期循环内，由上一个周期的重要顶点起计，一般3年后将出现一个顶点，之后再过3年另一顶点出现，再过4年市场又会达到一循环顶点。江恩据此分析提出各子周期循环需要留意第27个月（2.25年）、第34个月（2.83年）及第42个月（3.5年）的投资机会。笔者认为，以2001年6月15日的2245高点作为中国股市新阶段周期起点较为合适，则上一轮股市10年周期经历了包含6124历史高点三次子循环周期，高点间隔周期分别为34个月、42个月和22个月，市场于2011年4月结束后进入本轮股市周期（2011—2021年）。总结上一轮股市周期，在第5～6年有明显的上升行情，第2年、第4年与第8年市场走势偏强，第1年、第3年、第7年、第10年偏弱，其中第3年和第7年以跌居多，理想的投资期为第2年、第5年及第8年底。一般来说，股市周期经历弱平衡周期（第一波子循环）会持续3年，而牛市周期（第二波子循环）和熊市周期（第三波子循环）转化通常会持续运行7年，即市场出现3年牛市周期和紧接着4年更为漫长的熊市下跌周期，如图2-1所示。从江恩规律看，本轮下跌周期从2015年开始已趋于跌势下半场（如图2-2），2019年将是寻找“市场底”的转折期，需留意“政策底”后10～12个月的市场转势时点。可以预测，在本轮股市周期2021年结束前，市场还存有一波力度强劲的上攻反弹行情，直到16个月后经济周期止跌回稳，即在2023年前后股市进入新一轮股市周期（2021—2031年）长波的上涨周期。对于中国股市下一轮牛市周期开启的时间，我们应学会从股市历史规律出发，总结经验，把握市场脉络。历史数据显示，A股已经经历了大的5轮牛熊子周期，平均5～6年一轮“牛市—熊市—震荡市”周期轮换交替过程。从前4次市场底部特征观察：第一轮低点是1996年1月19日的512点，高点是1993年2月16日的1558点，3年累计跌幅67%；第二轮低点是2005年6月6日的998点，高点是2001年2月15日的2245点，4年累计跌幅56%；第三轮低点是2008年10月28日的1664点，高点是2007年10月16日的6124点，1年累计跌幅73%；第四轮低点是2013年6月26日的1849点，高点是2009年8月4日的3478点，4年累计跌幅47%；目前这轮下跌从2015年6月12日的高点5178点，最大跌幅49%已持续3年多，从指数跌幅角度看，与前几次市场底部相似，目前A股正处于第五轮子周期底部区域。根据康氏长波理论，资本市场的盛衰由科技及知识创新所带动，当经济到达周期性低位时会处于复杂的阶段，然后，经济增长出现停滞，最后市场会出现爆炸性上升或急跌以完成周期循环，重新进入新的股市周期循环之中，此时经济周期也会随之被动地反弹，出现见底回升现象。自改革开放算起，中国长波经济周期已经经历了41年之久，也伴随着科技创新发展的盛衰，当今正处在股市新周期（2021—2031年）的转折处（2017—2021年），市场急升暴跌的狂潮反映了人们对前景希望与恐惧心理的追寻。转折期一般不会持续3年以上而未见“市场底”，因此可以确定，2019年是“政策底”后6～12个月的政策修复“筑底期”，是股市周期漫长的转折之年。

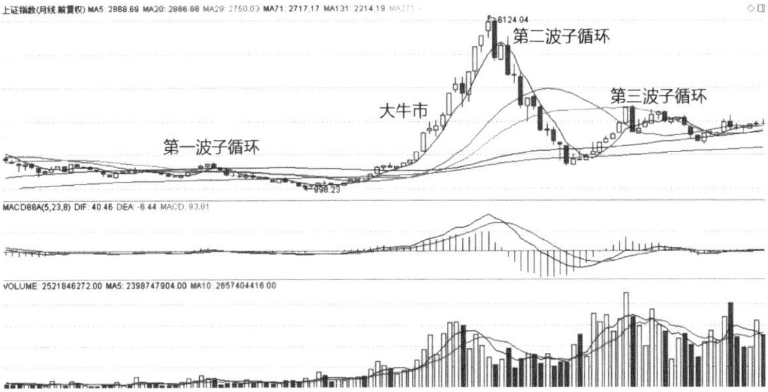

图2-1　本轮上证指数循环周期（2011—2021年）

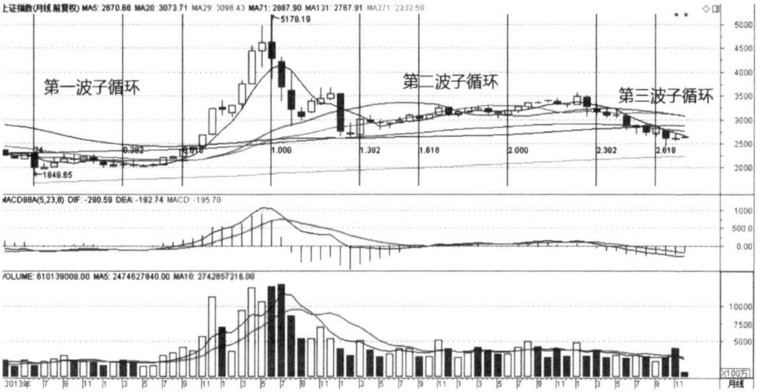

图2-2　黄金分割数列显示本轮上证指数循环周期已进入下半场
（2015—2021年）

第二章
从黄金分割和斐波那契周期看A股位置

黄金分割线，亦称斐波那契回调线。黄金分割线是利用黄金分割比率所作的切线，在行情发生转势后，无论是止跌转升还是止升转跌，以近期走势中重要的高点和低点之间的涨跌额作为计量基数，将原涨跌幅度按0.236、0.382、0.5、0.618、0.809的比例分割为5个黄金点，股价在反转后的走势将可能在这些黄金分割点上遇到暂时的阻力或支撑。股市中我们运用黄金分割比来判断其纵坐标，以确定更为精准的支撑线、压力线位置，从而在已经掌握横坐标时间轴的前提下，选对正确的介入点和出场点，实现时间和空间的完美结合。

斐波那契数列，又称黄金分割数列，指的是这样一个数列：1、1、2、3、5、8、13、21、34……这个数列从第三个数字开始，每个数字都是之前两个数字相加得到的。斐波那契数列广泛存在于自然界中，例如松果、凤梨、树叶、向日葵花盘花籽的排列，蜂巢的构成、蜻蜓翅膀的样子等。在股市周期分析中，斐波那契数列最突出的应用是投资者自股票走势中的某一个高点、低点或者暴涨、暴跌的交易日开始做斐波那契周期线，之后每遇到一根斐波那契周期线，股票走势就会倾向于形成高点、低点、暴涨、暴跌的形态。有时分析师可考虑使用自由斐波那契周期来分析短波段周期，即分析师可以根据需要自由设定前两个数字，之后的每个数字都是其前两个数字之和。如果将江恩时间序列运用于月K线图中，则会有更加出色的未来行情指示效果。

在运用通达信股票软件学习黄金分割线和斐波那契线的画法之前，有三点是必须掌握的：

第一，记住若干个黄金比例数字，如0.191、0.382、0.5、0.618、0.809、1、1.191、1.382、1.618、1.809、2、2.618、2.809等，其中0.382、0.618、1.382、1.618最为重要，股价极容易在由这4个数产生的黄金分割线处产生支撑或压力。

第二，找到一个点。这个点是上升行情结束并调头向下的最高点，或者是下降行情结束并调头向上的最低点。当然，这里所指的高点和低点都是在一定的范围内，是局部的。只要我们能够确认一个趋势（无论是上升还是下跌）已经结束或暂时结束，则这个趋势的转折点就可以作为黄金分割的起点。该点一经选定，就可以画黄金分割线了，就可以确定上升或下跌过程中各黄金分割位的阻力或支撑强度。纵向坐标黄金分割线0.618线至关重要，跌破该趋势线行情反转为空头趋势，突破该趋势线行情反转为多头趋势。

第三，寻找高点、低点、暴涨、暴跌、成交量异常、MACD中DIF零轴穿越点或红绿柱变换点作为行情起点，以前波上涨或下跌为原始基础周期，横向布置黄金分割线或斐波那契线，以此推测下时段各个周期节点的市场波动趋势。

我们选取本轮股市周期月线黄金分割来分析，以5178点作为高点画出黄金分割线，2638点作为第一波下探的低点，在0.618

黄金分割位处存在明显的多空压力，在2016年1月向下突破回踩2638点支撑线后逐级突破1.382阻力，2016年5月1.618处出现一波上涨主升行情，直到2018年1月在黄金分割4.236处3587点受阻回落，则预测第三波周期循环的时间节点为7 × 4.236≈29个月后的2020年5 ~ 6月前，形成本轮股市周期的第三波子循环的相对高点（5178−2449）× 0.618+2449≈4135点，具体预测如图2−3所示。如按江恩时间序列将高点5178点作为序列起点分析，第55个月是第三波子循环的时间节点，即在2020年1—2月出现子循环周期的高点（见图2−4）。综上分析，第三波子循环高点周期在2020年1—6月出现。如以2449点“政策底”作为短周期筑底的起点，采用斐波那契时间序列工具以日K线图预测本轮股市第三波子循环的时间节点周期，获知在2449点后第55日，即2019年1月7日，开启上涨前奏（见图2−5）。假设2019年出现“市场底”的区间为2400 ~ 2449点，按照高点3587点和低点2400点确定黄金分割区间范围，从K线缺口形态看，第三波子循环的上涨高点很难突破

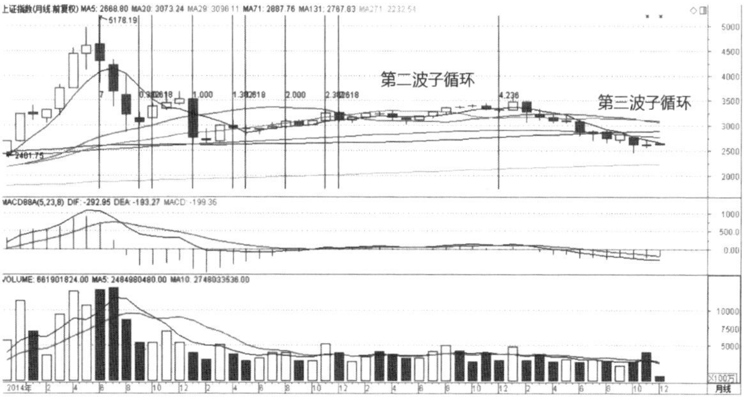

图2−3　上证指数月线黄金分割时间序列预测第三波高点周期

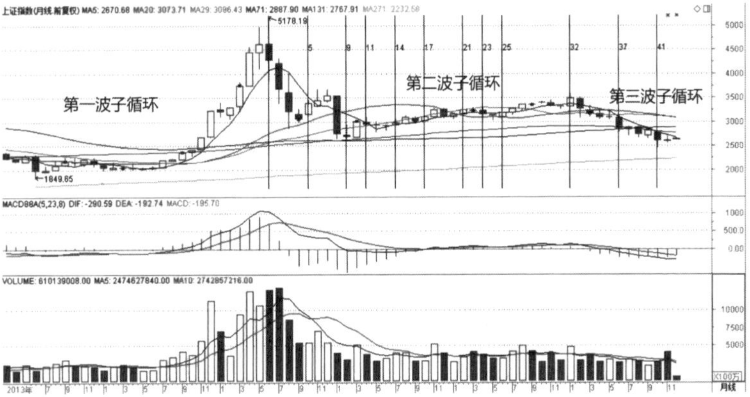

图2-4　上证指数月线江恩时间序列预测第三波高点周期

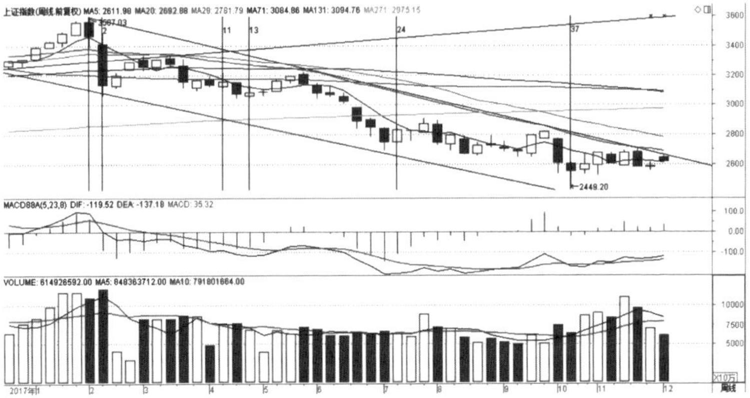

图2-5　上证指数日线斐波那契时间序列预测第三波前奏周期

黄金分割线0.809的位置，即3360点，则在2019年10月前转折期筑底行情运作区间为2400～3360点，笔者“看图说话”预计市场会在黄金分割线0.5、0.618、0.809位置以三波震荡上涨状态完成反复筑底，在三波高点分别为3010点、3150点和3360点处完成筑底过程。

底部百日，顶部一日，熊市不言底，牛市不言顶，牛熊转换需要过程，也需要时间，“政策底”“估值底”“市场底”相互验证，最终达到共振，而且每次牛市启动的因素及条件也不同。总之，从目前的市场角度看，市场已处于熊市末端，具备再启反弹牛市的基础，但时间上还不具备，需要有筑底的过程。从“政策底”时间周期算起，加上底部构筑需半年至一年的时间周期，最快2019年下半年进入第三波子循环上涨酝酿阶段，2020年中国股市有望再次进入上升期。归纳各种预测方法可知，本轮股市周期的第三波子循环的上涨周期在2019年10月至2020年6月较为靠谱，而上证指数拓展空间为2400～4130点（见图2-6）。笔者斗胆预测真正强劲的多头牛市峰值会出现在下轮股市周期（2022—2031年）的第5年，即2025—2026年，其将突破历史高点6124点，中国经济将再现辉煌！

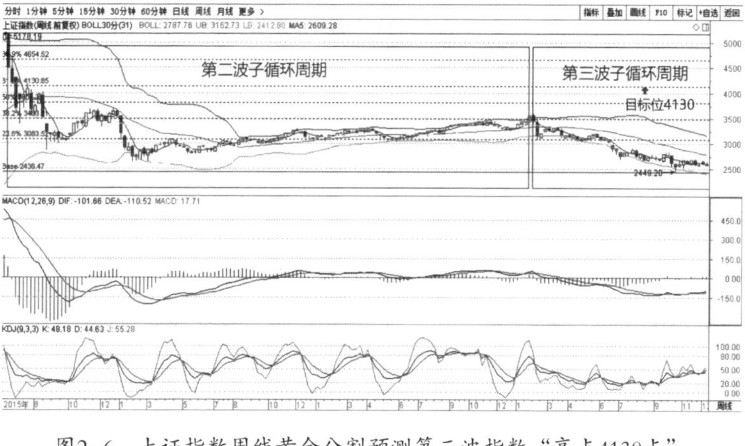

图2-6　上证指数周线黄金分割预测第三波指数“高点4130点”

第三部分

寻找资本市场的投资逻辑

时间的积累会迎来空间的上涨，空间的积累会变成时间的复位，每项投资标的都是单独的个体，它们都有自己的时空节奏，这种节奏就是一种时空密码。如个股的时空周期为44 ~ 46天，在周期的顶底点附近会有激烈的共振，发生着时空节奏的变化，如若你能破解这一密码，对每一个时间的每个价格作出准确预判，则就找到了投资的金钥匙。快速上涨的股票往往会慢速下跌，慢速上涨的股票往往会快速下跌，原因就是时空的量能没有得到有效的释放。如何将空间的积累变成时间的回归，就是笔者要寻找的资本市场投资逻辑。

第一章
价值投资长青、市场周期变化永恒

回顾中国A股市场历史，自1984年发行第一只股票飞乐音响、1988年最早一批证券公司成立以及1990年上海证券交易所开市至今，中国证券市场走过了30多年牛熊跌宕起伏的历程（见图3-1）。

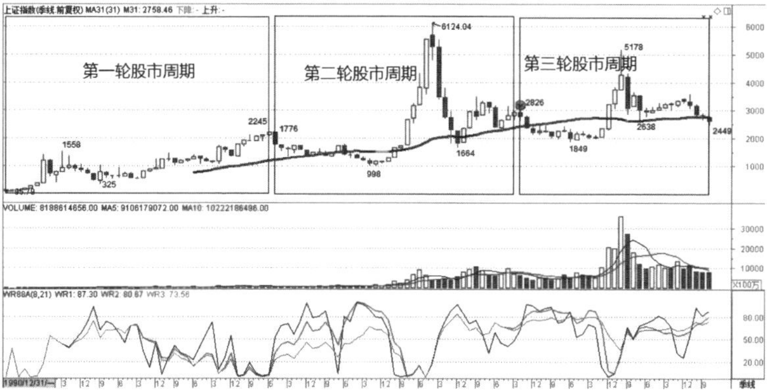

图3-1　中国股市周期规律

1990—1993年的牛市，因那时市场还比较小，不具代表性。1996—2001年是一个很典型的流动性驱动牛市。1996年经济下行压力开始出现，央行降息，一年期存款利率从1996年初的10.98%降至2002年的1.98%，并一直维持到2004年。全部A股净资产收益率ROE从1995年的15.3%下滑到1999年的9.6%，受货币政策宽松影响，引发了1999年的“5·19”庄股行情启动，股市潘多拉魔盒打开了，这是金融周期顶部时的一个显著特征，直到2001年7月银行开始收紧钱袋子和股票质押才终结，宣告股市第一蛮荒时代终结。尽管2001—2005年是我国经济起飞的黄金时代，固定资产增速、居民财富增速等宏观经济指标创造了历史纪录，但股票市场却陷入了深深的阴跌之中，2005年更是迎来了历史性低点998点。从这个时刻起，市场再次开启指数疯狂时代，一路上涨到2007年的历史性高点6124点。居民财富的累积造就了股市上涨，但股市群体的非理性行为，又使大多数人成为后知后觉的接盘侠。

2005—2007年上证综指从998点涨到6124点，就是因为流动性环境偏松和经济增长助力推升上市公司盈利的两大条件一起出现，再叠加股权分置改革的制度因素。2005—2007年M2同比增速维持在16%以上，银行间7天回购利率在3%以下，GDP同比增速从2005年的11%上升到2007年第二季度的15%高点，剔除金融全部A股ROE已达16.5%的基本面情况，如果把“政府的意志”当作股市涨跌的标准，这一标准在这一场盛宴下显得是那么苍白。在宏观经济总量决定股市涨跌策略的指导下，市场出现了工业化进程起飞阶段才会有的特殊轮回。边际增量资金涌入市场，造就了那场史无前例的泡沫，再现了国内通胀高企后流动性紧缩和全球金融危机拖累下内外交困的局面，中国A股市场以“重逻辑，轻估值”的投资方式一直绵延下跌到1664点，完成了一轮牛熊周期循环。

股市在2008年开启了下跌之旅，在跌到3000点的时候，一批人冲了进去，认为估值合理了，然后在跌到2700点时又进去一批，后来就是一路到1664点，但已经很少有人敢抄底。每一次都是“涨，涨过头；跌，跌过头”，“估值之摆”永远是在高估到低估、低估到高估之间摆动，停留在合理位置只有一刹那的时间。绝望和黑暗在A股市场总是常相伴，大幅上涨一定会出现深深的绝望。2008—2009年的中国股市是直接的“V形”翻转，市场在2009年到了3478点的高点，这无疑与2008年9月开始的五次降息有关，其间M2同比增速大幅回升至30%，GDP同比增速从6.4%低点回升至12%，上市公司净资产收益率从10%回升至16%。事实上，宏观经济并没有创造太多的增量资金进入市场，2009年的“四万亿”刺激，使周期企业盈利趋好，呈现存量资金博弈市场的局面。伴随着中国需求增速下滑，这些新增产能投产后对产品价格形成了致命打击，工程机械、重卡就是后周期时代的典型，直到2010年4月“国十条”出现，再将周期股打入低谷。

存量资金博弈市场最后一定面临着崩溃，这一规律在任何市场都有效。2011年中国股市开始了新一轮熊市，以周期品为代表的A股市场开始进入全面杀跌，直到2014年低点。此时，谁还会坚定地认为那是一个千古难寻的黄金坑？真的不要以为自己每年都能找到伟大的企业，在产业周期中，某一年只是其中的一段，企业永远在那里，只不过我们把某一年的趋势当作了价值，市场风格几年轮回充分说明追逐“未来经济”的投资趋势是永恒的。2014年11月牛市又一次启动，在一年期存款利率从3%降至1.5%，宏观流动性宽松的背景下，股市创新不断，融资业务快速发展，场内融资余额从2014年的4000亿元左右快速升至2015年高峰时的2.27万亿元，杠杆交易加速了市场上涨。2014年开启的疯牛之路和1999年的“5 · 19”行情是那么相似：经济不好、央行释放流动性、债务率偏高，“并购重组，向龙头聚集”成为企业的投资方向，这标志着这一轮工业化进程已走到了生命周期成熟期的末端。在各行业的上市公司享受着“互联网+”和龙头估值溢价时，一场没有经历过的杠杆股灾来了，“估值之摆”再一次反向摆动，用了3年的时间把当时的杠杆资金杀得一干二净，“你的贪婪终有一天会毁灭你”。

2017年市场呈现“二八”分化，是价值投资的春天，还是A股市场又走了一个轮回——价值回归，再现2004—2005年那个轮回？人性不变，轮回就会继续，只是幅度和时间略微有差异。在这轮市场里，我们只会跟随趋势，而不是发现价值。

周期是什么？“冥冥中天注定”，以前发生的，在未来一个阶段必然会发生。周期研究的难点是时点把握和新变量的分拆。市场在周期力量下某个时期选择某个趋势，才造就某个方式、方法的崛起，一切都是趋势。“价值投资长青、市场周期变化永恒”，这句话也许是对过去30年A股历程最好的诠释了。时间和空间是一个整体，当它们提前或者滞后的时候，都代表着一种强势。如短时间内空间的强势，一旦空间受限，则会跨越时间，而时间强势代表着上升动力不强，时间轻易改变了趋势的方向，形成了多周期的重合区，价格波动趋势变得更加模糊不清，因此还是得坚持“价值投资长青”的投资逻辑。

第二章

寻找未来的投资逻辑

站在周期转折处分析未来的投资逻辑，中国的人口年龄结构、劳动力结构、老龄化水平决定了未来房市、股市和债市的投资周期。分析发现，2017年中国城镇化率达到58.52%，城市化率和城市基础设施仍有提升空间，核心城市圈的集群效应正在显现，中国区域经济开始了新一轮的再平衡，传统工业投资的回报率尽管趋势性下降，但产业结构已从重资产为主的第二产业转向轻资产为主的第三产业，发展模式已从投资驱动转向消费驱动。事实上，随着劳动人口占比下降，人口老龄化率上升，以及婴儿潮人群逐渐进入高消费年龄段，居民部门整体消费率提升，储蓄率下降。中国居民储蓄率在2010年拐头向下，消费率拐头向上，居民家庭消费信贷/GDP的比值从2011年的3%上升到2017年的11%，6年间上升了8个百分点，反映到国家宏观账户上，则是经常项目赤字扩大或贸易顺差缩小。2018年消费的下滑已经体现了出来，最典型的是家电和汽车，终端销售已经转为负增长，且渠道库存已经位于历史同期的最高位，随着经销商资金变紧，再次从补库存转为去库存，从而使消费的下滑开始向上游生产商传导，影响对上游工业品的需求。对于房地产行业，过去3年，我们依靠鼓励居民加杠杆，实现了房地产的去库存，稳定了房地产投资，一线城市、二线城市、三线城市、四线城市的房价比3年前普遍翻了1倍，但在高居民负债叠加信贷增速下行背景下，这一轮消费的防守性会显著低于过去几轮经济周期。当前的事实是：环保推高PPI、“猪周期”[①]、菜价上涨、房租上涨压力对货币放松形成制约，尽管信贷额度很松，但是没有信贷需求，流动性淤积在银行间，进不到实体经济，也流不到股市，出现银行间利率持续下行，部分领域的民间利率明显上行的情况，举例来说，全国排名前50的房地产公司的类信托产品融资成本已接近12%。这就是说，随着人均产出和收入的提高，经济增速下台阶是经济周期波动的普遍规律，也是资源要素约束所要求的结果。未来改革之所以必要，是因为改革的本质是要对资源和利益进行重新分配，从而激发受益方的积极性和创造性。

从技术到产业，从产业到宏观，从宏观到微观，再到资产价格，都相互联系。过去10年的中国经济具有滞胀特征——转型迟缓的“滞”压制了企业盈利水平的提升，生产要素的“胀”压制了估值和企业的长期成长，产业新旧更替明显加快，新经济行业占比逐年上升。从媒体追踪的企业家姓名更替可以看出产业变迁的线索，20世纪90年代最知名的企业家代表是倪润峰，2000年后以王石为代表的地产商是风云人物，2010年以来，互联网领域的马云、马化腾出镜率最高。类似典型的例子还有苹果智能手机iPhone的代表乔布斯等，他们代表了移动互联网浪潮的开端，加上4G和5G技术的不断成熟，我国手机网民数量已达到5.6亿之多，

---

① “猪周期”：一种经济现象，指“价高伤民，价贱伤农”的周期性猪肉价格变化怪圈。

这造就了电商、团购、社交、手游、O2O、共享单车、小程序、AI、大数据、云计算、生物特征识别、区块链等产业的兴起。投资追热点好不好？事实上，追上风口自然是好，追错了，那就是亏损。有时候感觉股市的“板块牛市”行情，有点和互联网所说的“风口上的猪”一样，经常会有一些厉害的企业出现，但风口过后，发现也就那样。目前制造业投资还在低位震荡，地产、基建、消费、出口面临下滑，过去10年的中国经济也表现出类似于20世纪70年代美国的滞胀。2007年，每创造出1元广义货币能拉动0.67元GDP，而2017年1元广义货币只能拉动0.49元GDP；2008年7月，上证综指在2800点上下，2018年7月，上证综指还是在2800点上下，股市滞胀和经济滞胀的本质是相通的——产业结构转型迟滞，全要素生产率下滑。企业的盈利水平下降，A股EPS增速整体放缓，自然也难以支撑长期成长，2009年和2015年估值分别冲到35倍以上和25倍以上，但多数时候都处在20倍以下的估值消化期，股市的盈利水平和估值提升双重承压，也印证了格雷厄姆的话：“长期来看，市场是台称重机。”

过去10年，中国的重化工产业（以化工、采掘、交通运输、钢铁为代表）在A股行业市值占比下降了23.8%，金融服务业（银行+非银金融）市值占比下降了9%，新经济（医药生物、电子、计算机、传媒）上升了13.4%，高端制造（汽车、机械设备）上升了8.1%，新旧产业更替的速度明显加快。消费升级可分为四个阶段：第一阶段是解决温饱问题的20世纪80年代；第二阶段是消费耐用品的20世纪90年代；第三阶段是消费升级、买车买房的2000年以后；第四阶段是买健康、买快乐、买服务，当前的时代拥有最好的投资机会。另外，在其他行业都是个位数增长的情况下，信息软件和信息技术服务业实现了近30%的增长，这其实就是所谓的“互联网+”。进一步拆分这个行业，移动游戏、网络购物平台、旅游平台、大数据、云计算这些行业全是35%以上的增长，这就是我们从高速增长阶段转向高质量发展阶段的新经济活力源泉。随着中国告别高增长时代，人口红利渐行渐远，我们必须由要素投入型增长向创新驱动型增长模式转变。改革开放40年，中国实际GDP年均增长9.5%，名义GDP增长13%～15%，年均M2（广义货币供应量）增速是15%，如再不追寻创新驱动型投资，则财富收益将会出现递减。按人口结构推测未来互联网是“70后”投资“80后”去赚“90后”的钱。从大众在20～30岁首次购房这一情形来看，如今中国已进入到一个改善性置业为主的房地产市场。在实施减税增效、扩大内需等积极财政政策下，创新创业会发挥更大作用，补好新经济的短板、创造更大的改革红利是未来经济转折之处的投资之道。

趋势投资是控制风险最有效的手段。杰西·利弗莫尔说：“会买的是徒弟，会卖的是师傅，会空仓的才是大师。”他以切身的经历说明了控制风险的重要性。市场会让我们明白短期的下跌是未来长期确定性的上涨，短期的波动是为了长期持有资产的稳定，寻找确定性的投资是转折期的正确选择。

如何寻找确定性的投资？判断资产价格走势尤为关键，我们需要回答以下问题：

经济能不能起来？——决定企业盈利和商品价格。需要解决基建投资、民间投资的供给侧和地产投资的困局问题。

流动性会不会变得更松？——决定利率、影响股市估值水平。

群众的信心会不会回来？——决定市场的风险偏好，进而影响股市估值水平。

我们相信一个真理：股票市场长期应该和经济基本面挂钩。一个长期经济增长的国家，它的上市公司盈利也应该长期增长，在估值稳定的情况下，盈利增长转换成为股票价格的上升，从而推动股市上涨。但是这个真理有一个前提，就是盈利的增长不能被股票增发摊薄。如果公司盈利增长的速度远低于增发的速度，那么长期来看，估值反而越来越贵，股价不跌才怪！既然价值投资是基于一个公司长期现金流的折现，那就更要求我们去关注那些长期能产生现金流的行业、商业模式和公司。长期看，买入现金流优秀、高ROE的公司，投资回报率并不会太差。

招商证券在研报中认为，当前甚至未来很长一段时间，A股核心资产必须满足以下八个特征：第一，行业空间向上，或者至少未来10年市场空间都不会收缩；第二，市场空间受经济周期或者技术创新影响相对较小，或者该公司已经是该行业创新引领的龙头；第三，行业龙头之一或之二；第四，估值合理，尽可能不超过20倍，未来空间较大的可适当放宽（一个公司20倍永续增长不分红收益率是5%）；第五，现金流相对稳定，负债率相对较低；第六，分红率高或者未来分红潜力大；第七，经营法律风险较低；第八，主要依靠内生增长。以下顺寻转折期投资逻辑，综合上述产业结构升级演变过程，预测未来10年中国经济的投资机会：

（1）消费市场存在结构性机会，互联网零售等新兴产业对传统消费和零售产生重大影响。

（2）技术改变了文娱教育的内容和形式，但居民对精神消费的追求是不变的内核。

（3）金融业的未来10年，既有居民端理财和财富管理的需求上升，也有金融压抑给金融业带来的结构分化。

（4）老龄化和政策推进药品、医疗器械自主创新投入加大，中国的医疗医药特别是创新药行业未来有巨大的成长空间。

（5）未来中国“互联网＋”和高端制造最重要的投资机会来自进口替代和迈向价值链中上游的行业。

第三章
“政策底”与“市场底”的周期区间判断

998点寻底之路：寻底之路始于2001年6月“国有股减持”政策出台时上证综指最高2245点，到2005年6月上证综指最低跌到998点，4年间中国经济高速增长，但股市指数却被腰斩，中间虽略有反弹，但市场走势总体向下，2005年是熊市的尾端。因为各种原因，从2002年开始，1300点就一直被认为是市场的“政策底”和“铁底”，从2002年到2004年第三季度，上证综指在先后几次跌破1300点后，立马展开一波像样的反弹。上证综指先后8次盘中击穿1300点然后又被拉回，但无奈大势所趋、覆水难收，到2004年12月17日，上证综指第9次跌破1300点后，终于再难收回，预示着指数进入到下一个台阶“5·19”行情启动时的1048点区间，最终上证综指在2005年6月30日达到998点才企稳。在极度悲观下，任何利好都会被视作利空，“推倒重来论”再次受到了市场关注。

按“政策底”“市场底”“基本面底”三者的时间顺序来看，“政策底”在2005年2月左右就已经非常明确了，一是财政部于2005年1月24日降低了印花税，二是同年2月16日保险资金直接入市进入实质性操作阶段。而“市场底”在2005年6月底出现，上证综指最低到了998点。“基本面底”出现的时间则更晚，2005年

A股上市公司业绩增速是持续下滑的，这个过程要到2006年第一季度才见底，因此“基本面底”差不多要到2006年第二季度左右才能真正看清楚。换言之，在2005年市场寻底过程中，“市场底”大约滞后“政策底”4个月，大约领先“基本面底”3个季度。

1664点寻底之路：2008年美国次贷危机蔓延至全球引发金融海啸，BDI指数①从万点以上直泻而下，中国经济形势急转直下，宏观经济政策经历了从“双防”到推出“四万亿”的方向性转变，上证综指从2007年10月最高的6124点跌到了2008年10月最低的1664点，下跌幅度之深、速度之快都是前所未见的。2008年A股市场趋势上基本一路下跌，中间除了2008年4月23日降低印花税有过一周左右的反弹外，下跌过程中因内外部因素叠加，几乎没有任何抵抗，呈现出无差异化的普跌，99%的个股下跌，近80%的个股跌幅超过50%。

对A股市场来说，2008年下跌中最痛苦的事情可能就是1800点的先上再破了。2008年9月18日上证综指最低跌到了1802点，国家出台了救市三大政策，一是印花税从双边改为单边征收，二是汇金公司直接入市、在二级市场自主购入工、中、建三行股票，三是国资委支持央企增持或回购上市公司股份。在三大救市政策利好下，次日两市全线涨停，5个交易日内上证综指累计涨幅超过20%，最高摸到了2333点。可惜好景不长，仅维持了半个月 A 股便再度下跌。虽然2008年10月央行频繁下调利率，但 A 股仍下跌了18%之多，最后到了1664点，市场恐慌达到了极致。

---

① BDI指数：波罗的海指数，反映的是即期市场的行情，是由几条主要航线的即期运费加权计算而成。

在2008年的寻底过程中，资本市场的“政策底”大概在该年4月份就已经出现了（降低印花税），但当年9月的三大救市政策对股市的支持力度更为直截明确，而且自2008年9月以后，包括货币政策在内的宏观经济政策整体开始了明确转向，到同年11月，国务院提出了“四万亿”投资的刺激计划和适度宽松的货币政策，“政策底”历时8个月后出现了久违的“市场底”，钢铁、煤炭等资源品出现连续上涨、大幅上涨，但这些上市公司的“基本面底”在8个月后才见底。

1849点寻底之路：中国经济在经历了2009年的V形反转后，大多数经济增长指标在2010年达到了最高点，由于当时很多观点认为经济将要进入新一轮上行周期，因此企业在2010年大幅扩大产能进行了大量资本支出，从而使得商品价格大幅上涨。但新一轮周期的幻觉很快消失。到2011年，中国经济面对的是通胀上涨、货币政策收紧、经济增长指标全面滑落等不利局面，股市大约从2011年4月开始就出现了趋势性的下跌，一直到2012年12月的1949点和2013年6月的1849点，被市场笑称“建国底”和“鸦片底”。尽管市场从2012年4月开始有各种利好消息，但最大的利空是有关启动“国际板”试点和“GDP破8”的消息，市场认为“国际板”将大量分流A股流动性，而经济下行将使得市场情绪悲观，引发非理性下跌。此轮“政策底”主要体现在宏观经济政策的变化上，即从2011年收紧的政策再次转向宽松的“二次刺激”政策。从时间来看，“政策底”与“市场底”间隔了12个多月之久，从此迎来了2015年“股市异常波动”的5178点上涨行情和2016年的“两次熔断”下跌过程，同样也非常惨烈。

2449点寻底之路：自2018年以来，经过近千点累计最大下跌空间之后，中国股市已经陷入深度熊市境地之中。截至2018年8月3日，上证指数平均市盈率13.55倍、深证成指平均市盈率23.24倍、深市主板平均市盈率15.84倍，中小板以及创业板指数平均市盈率则分别录得27.28倍以及36.76倍。除此以外，目前沪深两市的破净股数量已超过200家，且有赶超2008年极端熊市水平的趋势，这意味着股票市场的投资价值开始逐渐展现，而市场的投资风险有望加快释放。随着上证指数在2018年10月19日创出本轮熊市调整新低2449点，A股市场步入全新创新低的趋势之中。然而，对于这一轮的非理性调整，却并非建立在上市公司盈利增速能力发生实质性拐点的基础之上，反而充满着或多或少的神秘色彩，但经过这一轮的非理性下跌风波后，目前A股市场的估值水平以及破净率水平已经创出了近年来的新纪录。但是，从市场的投资情绪来看，在股市跌跌不休的背景环境下，即使股市估值水平已经接近或达到历史估值底部状态，投资者也似乎难以揣测市场究竟底在何方，市场下跌力度超越了市场心理底线。

实际上，最近一段时期的A股下跌，往往是多方面因素的综合影响。其中，最直接的影响因素，莫过于近年来轰轰烈烈的去杠杆化、去泡沫化过程，用力过猛的去杠杆举动，反而容易触发局部系统风险，甚至对部分负债率高企的企业会构成信用危机。事实上，对于A股市场而言，却存在着上市公司“无股不押”的现象，在股市非理性下跌的过程中，质押率偏高，或深陷股权质押问题的上市公司，越容易触发局部系统性风险。再者，外部政策环境的好坏，同样会对市场产生较大的冲击。一旦政策环境持续恶化，无疑会对外部市场依赖度高、依赖海外成熟市场核心配件的部分上市公司构成实质性的盈利冲击，影响部分上市公司的盈利估值体系，其股票价格也往往会提前作出反映，这也是股票市场最具不确定性的投资风险。市场既然对“政策底”预期没有深刻领会，可见寻找“市场底”仍需费些时日，关键原因在于自2015年下半年股灾后政府对金融领域一直是防范的心理，即“防范金融风险”，没有将2018年7月31日政治局会议“把防范化解金融风险和服务实体经济更好结合起来，坚定做好去杠杆工作，把握好力度和节奏，协调好各项政策出台时机”作为“政策底”的导向，来“实施促进金融市场健康发展的一系列措施，提振市场信心”，推动金融供给侧结构性改革，增强服务实体经济能力。笔者听过一段话：“金融活，经济活。金融稳，经济稳。经济兴，则金融兴。经济强，则金融强。经济是肌体，金融是血脉，两者共生共荣。”此话概括说就是金融是国家重要的核心竞争力，国家需要建设一个规范、透明、开放、有活力、有韧性的资本市场，这才是未来A股走牛的筑底之气！具体说来，筑底就是构筑金融之底，以加快金融市场基础设施建设，摸索科创板和注册制的成功经验，服务于符合国家产业发展方向、技术先进、产品竞争力强的核心企业。如若政策认知和定位发生了变化，则对整个金融行业的态度就成了“推动我国金融业健康发展”，金融行业必定迎来大发展，而具体的投资方向就是科技+金融。筑底非一日之功就能完成，除了估值回归和引导券商、外资入市，增加市场流动性等筑底因素外，2019年中证券市场又要面临科创板注册制的资金分流预期和外资MSCI顺势将A股的投资权重从5%提高到

20%等多空因素影响，筑底过程将呈现多波段、宽幅度和强波动的市场特征，政策周期叠加科技周期将铸就坚实“市场底”。

回顾历史上A股的那几次“至暗时刻”（如图3-1所示的几轮历史性低点），笔者感觉：一是股市连续下跌会使得市场情绪非常

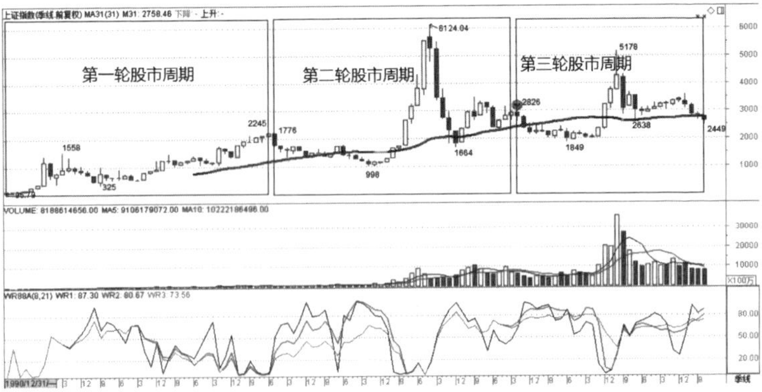

图3-1　九轮历史性低点

悲观，如同当下，上市公司业绩增速不差，但对未来下行的预期已经很悲观；二是“政策底”“市场底”“基本面底”三者之间确有明显的时滞关系，一般情况下，“政策底”先于“市场底”出现，而“市场底”先于“基本面底”出现，领先的时间有时候会长达半年到一整年；三是底部具体位置究竟在哪里事前确实很难判断，2012年12月最低跌到了1949点，6个月之后市场情绪波动放大，跌到1849点，但从投资的角度看，别说在1949点满仓，即使到2000点能够满仓，依然会在次年获得丰厚的回报。按本轮行情“政策底”已在2018年10月19日2449点探明，再按江恩周线时间序列，将2018年1月底3587点作为高点计算，转折点可能出现在第50周（2019年1月下旬）、第72周（2019年6月下旬）、第90周（10月下旬），也

就是说，“市场底”应该在2019年10月底前出现，或许“筑底行情”会在2019年1～10月间持续反复后筑底回升。寻底会是一个过程，绝对的底部点位无法准确判断，假设探明“政策底”后“市场底”的运行轨迹已转为下降趋势线上轨，继续以原每周17.5点的下跌速率探底，跌幅明显收窄，观察斐波那契周期发现，在2449点后第55日，即2440点次日，上证向上已突破日下降趋势线（见图3–2），且在第50周有构筑“市场底”与“政策底”的双底结构迹象，再结合政府对企业“减税降费”措施落地、货币流动性宽松和汇率回升，则意味着市场无风险偏好已处上升周期，在中美贸易磋商不断取得进展、美联储加息节奏放缓的背景下，一轮筑底行情也许正在酝酿当中。以上分析仅仅是“看图说话”式的市场猜想（见图3–2），更重要的或许是判断上市公司未来的生命周期是否够长、盈利能力是否够强够稳定，因为这才是决定当前股价和估值下权益资产是否具有很好的投资价值的重要因素。如果是，那便值得拥有。“基本面底”估计会滞后至2020年上半年呈现，探底上涨区间高点在上证4130点一带。

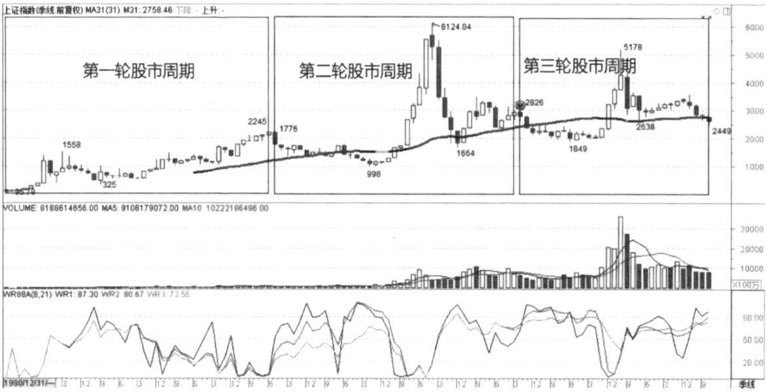

图3–2　中国A股历史上“市场底”的构筑

第四章 产业升级与资产配置的原动力

对股票市场中主要行业的周期性进行分析，探讨不同行业的周期性与整个股市周期性之间的关系，有助于投资者认识股市周期与资产配置的阶段性效率，从而影响产业结构优化升级。产业结构优化是指通过调整产业结构，协调各产业发展，满足社会需求不断增长的过程。产业结构优化主要有两个方面的含义：一是产业效益得到了优化，即产业结构在演进过程中由于协调化的发展而使产业结构效益不断提高；二是转换能力得到了优化，即产业在发展过程中，技术创新能力不断增强。就产业结构高度化而言，产业结构的升级离不开技术水平的提升。不论是对技术引进消化吸收还是自行研制，都需要大量资金的支持。证券市场对产业结构升级的促进作用主要体现在对高技术研发这一块。在高技术企业得到风险资本投资后，可以进行技术研发、产品创新等活动，而当企业首次公开发行股票成为上市公司后，风险资本实现增值并且有了退出的渠道，则风险资本就可以为下一轮投资做好准备，从而形成一个良性循环。

产业集聚的产业结构，主要是指产业集聚区域的产业结构、企业结构以及相关机构结构。某种程度可以说是供应链的区域集聚，从而形成市场需求的不可分性，以空间突破市场瓶颈，降低市场风险，实现各产业间的资源配置在空间上同时具有一定的规模，符合经济学均衡发展理论规律，推动整个区域经济的高速全面健康发展，产生外部经济效果。在市场转折期更需要政府承担一定的资源配置功效，搭建出政策支持的创新创业环境。高新技术产业是知识密集型、技术密集型的产业，体现了一个国家高科技行业的发展程度，更能反映最先进的科学文化，是衡量一个国家产业结构升级的重要表现。发展高新技术产业对于促进经济持续快速健康增长具有十分重要的意义，这也意味着我国产业结构的升级。我国将航空航天制造业、计算机与办公设备制造业、电子与通信设备制造业、医药品制造业等确定为高新技术产业。战略新兴产业是以重大技术突破和重大发展需求为基础，对经济社会全局和长远发展具有重大引领带动作用，知识技术密集、物质资源消耗少、成长潜力大、综合效益好的产业。节能环保、新一代信息技术、生物制药、高端装备制造、新能源、新材料等战略新兴产业的培育、发展、成熟，直接关系到国民经济社会的长期发展和产业结构优化升级，是保证国民经济长期稳定增长强有力的引擎。自1985年7月国家建立第一个高新技术产业开发区——深圳科技工作园之后，我国创立了多个高新技术产业开发区，到2018年为止，我国已拥有53个国家级高新技术产业开发区。经过30多年的发展，诸多高新技术成果在高新区实现了产业化，为其所在城市的区域经济发展作出了巨大的贡献。这些高新技术开发区不但成为推动体制创新、发展高新技术产业的基地，而且成为我国改革开放的重要窗口，促进了我国科技水平的进步，推动了我国产业结构优化升级，成为地方区域经济增长的有力武器。为了突出高新技术产业在融资中的地位，除了大力发展创业板市场之外，2018年11月5日习近平主席在中国首届国际进口博览会上宣布将在上海证券交易所设立科创板并试点注册制，以支持上海国际金融中心和科技创新中心建设，不断完善资本市场基础制度和建立风险投资资金“出入口”机制，这样我们才能为高新技术企业和战略性新兴产业在不同的发展阶段提供必要的融资需求。

回顾这些年的市场板块表现，虽然其曾经创造出发展的辉煌，但却在市场不断膨胀、不断扩容的背景下逐渐步入低谷。其中，创业板市场一度成为企业市值壮大、企业家财富暴涨的场所，如今经过了一轮轰轰烈烈的去杠杆化、去泡沫化过程后，却较最高点下跌七成的空间，已逐渐回归理性。现在，科创板加快推出，这可能会给市场带来不同的游戏规则。科创板的功能定位与创业板、新三板乃至战略新兴板有所不同，且准入更宽松，并独立于当前主板市场的新设市场板块，由此引发市场的猜想。从长期来看，有利于市场发展。

事实上，科技板块相关政策利好早已密集释放。《扩大和升级信息消费三年行动计划（2018—2020年）》提出，到2020年，我国信息消费规模达到6万亿元，年均增长11%以上，拉动相关领域产出达到15万亿元。综合来看，进一步加快核心底层信息技术基础设施建设、强补信息产业短板、提升企业信息化水平将是现阶段政策的主要着力方向之一。国内云计算产业链、5G产业链、企业信息化产业等有望长周期受益。《关于提高研究开发费用税前加计扣除比例的通知》将研发费用75%加计扣除比例适用范围由科技型中小企业拓宽至全部企业，这对于研发投入力度大的行业更为利好，从测算结果来看，国防军工、通信和计算机行业所受影响最大，业绩增厚幅度最高分别达到8.3%、8.1%和4.1%。虽然“政策底”不断强化，提升市场做多热情，但市场短期反弹节奏仍受市场情绪、资金流动性、金融去杠杆和创投板块缺乏轮动影响，在上证指数2700点受阻，市场继续在“股市下跌—股权质押风险爆仓—股市再度下挫”循环中运行。可见，在经济数据的空窗期，政策因素成为影响当前市场走势的最重要因素，经济下行、市场悲观预期还是成了市场的主旋律。尽管经济基本面由于政策时滞尚未出现触底反弹的变化，但产业升级的政策预期成为市场信心恢复的重要支撑，在转折期配置科创资产是市场配置的必然选择。

积弱已久的A股尚不具备反转条件，反弹过程“一波三折”才是常态。在此背景下，金融“搭台”，成长“唱戏”，整个市场由“冷”转“热”需要一定的时间，未来股指仍然存在一定的波动，但股指下行空间已不大，主要行业周期转折点即将来临，投资者可逢低逐步布局，后市出现结构性反弹概率较大。结合A股的历史经验看，宏观经济下行期间，主板盈利增速随之放缓，市场的结构性机会往往呈现两个特征：一则拉长视角来看，成长股占优；二则每次市场上涨期间会呈“大盘股搭台，成长股唱戏”的特征。这点在2010—2015年的市场表现中得到了验证，是未来较长一段时间内将发生的大概率事件，也是与2016—2017年蓝筹主导风格所不同之处。资产配置首先应考虑配置主动进攻型行业，以银行、保险、券商和房地产为代表的金融板块和强周期板块值得标配。其次，从大博弈、补短板的角度去布局军工科技、网络安全、5G、芯片、北斗导航等科创股的趋势性主题机会。另外，本轮A股回购潮对大盘推动力量仍在积蓄，新规支持下回购规模有望继续扩大，并为市场长期估值底部构建提供内部条件。在“稳杠杆”的政策下，2019年国内外系统性风险进入缓释阶段，“政策底”带来的风险偏好回升触发市场超跌反弹，有基本面支撑的主动式回购股票资产值得投资者配置，有望迎来产业结构的优化升级。

第五章
寻找产业轮动与经济波动转折期的投资机会

估值通常是由现金流的增长率来驱动的，现金流又受公司的销售量和价格的函数、供给关系与需求关系的影响，与行业需求增长率关系很大，最终决定定价、毛利率及回报，反过来也会影响股价。通过分析宏观数据（国内生产总值、工业生产值、零售总额、行业集中度等）可以发现，在增长率和利润回报达到峰谷值的时期，建立相关主行业一致预期的每股收益或现金流模型，可寻找出周期性和长期性趋势之间的差异。如果行业估值倾向于财务结果改变轨迹之前6～12个月就有反应，则就能准确判断下一个拐点将于什么时候出现，从而就可通过行业产业链上下游因素分析公司业绩。

过去10年全球货币宽松导致全球债务风险高企，无风险收益率继续上行，中国产能以3年为周期的库存周期已经步入下降阶段，叠加经济结构调整的“三大攻坚战”、中美贸易摩擦的影响，至少在未来一两年内难以改变经济下行的趋势。何时改善？根据库存周期，中国经济有望在明年中期领先于全球见底。活在当下，将危机转变为机会，未来数月，最好的机会不是抄底博反弹，而是耐心等待，寻找出愿意长期配置的领先行业的个股。

2018年A股核心资产市值累计缩水仍超过万亿元，工商银行、中国人寿等市值缩水超千亿元，而医疗、消费板块如爱尔眼科、乐普医疗、海天味业、中国国旅等个股市值增长明显。股市一路下跌，如招商证券筛选出的核心资产，目前53只个股最新动态市盈率平均值为26.15倍，半年报净利增速平均值为26.4%，尽管股票的业绩和估值还较为匹配，但仍跑输大盘指数，投资者不得不面临财富与信用快速下滑的境地。为了维持日常的资金运转，部分投资者不得不贱卖股票，进而加速股市流动性紧张。更为重要的是，随着股市下跌，小市值公司的数量明显上升，考虑到市值较小的公司在资源、资信等实力上与行业龙头的差距较大，且流动性较差，从而进一步加剧整体股市的流动性失衡。在极端的情况下，甚至可能会出现有价无市、局部流动性枯竭的情况，使资质较差的中低等级的融资主体深陷融资难的困境。不论是在社融数据中，还是在财报预告中，都能明显感受到上市公司尤其是民营企业筹资现金流下滑的压力。在经济增速换挡、金融风险多重因素影响下，公司盈利能力下滑，负债成本上升，资金面的压力集中爆发，产业轮动受到限制，如此，行业的选择就显得尤为重要，那么，医疗、消费等防御性板块是否值得考虑？

在外临贸易摩擦、内患增长乏力的境遇下，挖掘消费潜力成了“稳增长”的必然选择。2018年10月11日，国务院印发《完善促进消费体制机制实施方案（2018—2020年）》，该政策从完善消费供给体制、提升消费产品质量、增强居民消费能力三方面着手，以全面促进消费对内需的释放潜力。大消费本身包含服务和实物消费两大领域。对标美国消费市场，2017年服务消费占比高达68.8%，而我国近年占比为40%左右。从发达国家消费结构变化趋势可以看出，以旅游、教育、医疗等为代表的服务消费未来的提升空间较大，长期将成为促消费的主要着力点，人们将从传统实物消费转向服务消费。服务消费领域涉及医疗健康、旅游、文化传媒、体育、健康养老、家政、教育培训等行业，目前政策正着力引导行业向规范化、标准化发展，该行业有望在未来刚性需求呈爆发式增长下，成为拉动内需发展核心动力。互联网+医疗健康、民营养老机构、普惠早幼教等正着重推进中，放宽准入条件，大幅增加医疗、养老供给等市场化程度，已成为促消费的主要方向。而新概念、新科技导入传统实物消费领域（涉及房屋租赁、汽车、信息消费、渠道品牌、家居家电等），已成为消费结构升级的趋势，信息消费、智能电子消费是市场的风口，随着大数据、云计算、5G等技术发展成熟，提速减费持续催化信息消费内需高增长，手机、计算机、可穿戴设备等中高端电子产品智能化升级，可能会打开全新的消费增长空间。“互联网+”助推传统商贸转型升级，积极推进“智慧商圈”和“智慧零售”建设，有望培育出一批国际领先的消费品龙头品牌。

“稳杠杆”体现在宏观杠杆率趋稳，债务增长与宏观经济增速的放缓都会影响杠杆率，使用社会融资余额/GDP（TTM，最近12个月市盈率）来估算宏观杠杆率，2018年杠杆率平稳中有小幅降低，其中第一季度上行，第二季度回落，第三季度平稳。上市公司2018年的杠杆率也有所降低，且相对于资产负债率来说，增加值率、周转率往往发挥更大作用。利用A股财务数据测算杠杆率的三大成分指标，发现中信一级行业（剔除金融）上游行业中，石油石化、煤炭、基础化工行业杠杆率持续下降，或与供给侧改革对行业格局的改善有关；中游行业中，建筑、建材、轻工、机械出现了加杠杆现象，资产负债率提高是共同特点；下游行业中，汽车、商贸零售、医药、农林牧渔、交运、电子元器件等行业的杠杆率连续多个季度下降，而计算机、传媒行业始终未能降低。一般情况下，工业企业资产负债率与主营业务利润率呈负相关，说明供给侧结构性改革和金融强监管导致上游产业原来相对较“软”的预算约束开始收紧，改变了之前利润率高就加杠杆、扩产能的做法，开始呈现自发完成资产负债率降低，改善盈利预期的迹象。而中下游产业仍处于去杠杆之中，业绩恢复有待时日。国家统计局数据表明，2018年第一季度至第三季度医药制造业营收增长13.6%，利润总额增长11.5%，上市公司整体质量相比更高些。值得注意的是，2018年第三季度商业企业及工业企业现金流及净利润占比均高于往年，在去杠杆大环境下，医药等下游企业底层资产优质，利润质量较高，有望随着居民杠杆率中债务贡献收窄，率先走出困境。

“通胀”“滞胀”“稳杠杆”直观理解为物价的变化，反映了宏观经济体中总供求关系的变化。不同时期价格在上下游间的传导方向不同，2016年供给侧结构性改革后，中游制造业利润承压，下游需求强弱再次成为重要的影响因素。结合产能利用率情况可以看出，当前供给侧压缩虽仍有空间，但弹性已经不大，供给侧对PPI后续的拉动力有限，如需求面好转，则对价格上升有更强的弹性。整体来看，当前上游资源品整体景气度最高，钢铁、煤炭、化工产品价格有涨有跌，有色价格震荡调整，原油及肉类等农产品价格走势出现拐点。中游行业受汽车及机械行业拖累景气度持续下行，电子行业销售持续创新高，交运中集装箱货运较为强劲，但在高基数下预计后续增速将持续回落。而下游消费品行业整体较为低迷，家电及传媒行业景气度继续下降，纺织服装、地产行业基本面持续恶化，消费电子行业好转，但食品饮料中的乳品成本端承压，预计后期乳品行业利润或将受到影响。上下游价格指数的剪刀差可以刻画上、中、下游制造业利润的变动趋势，物价走势与股市表现在大多数情况下是一致的，但股市常在拐点上更加敏感，领先于物价指数变化。当前现金流下行、折现率下行，依据板块配置轮动规律，价格敏感类板块值得考虑。

在收缩叠加盈利下行周期下，仍然很难看到业绩驱动下的趋势性行业变化，但无碍中间会有一些结构性变化、超跌之后估值修复的机会，尤其是政策面变动对改变市场预期会有一定的推动作用。中长期压制市场上行动能的核心原因有两个：一个是经济下行压力尚未充分体现；另一个是资金面压制，仍然处在宽货币紧信用的投资环境下，企业融资环境并没有得到明显改善。历史来看，市场的底部往往都是伴随着经济悲观预期的逐渐好转而形成的。首先，从行业轮动的视角来看，经济转弱对股票业绩的传导作用，基本遵循金融地产—周期—成长消费的轮动链条。与此前市场底部不同的是，在过去几轮经济探底的过程中，金融地产的率先启动往往是由政策放松带动市场预期回暖而引发的，这次或许仍然有博弈政策放松的动机，特别是高层对股权质押问题的重视而引发市场估值修复的顺序应该是相似的，不同板块的周期属性决定了其估值中枢的不同，因此市场在修复过程中，也会产生一定的轮动特征。从这个角度出发，可关注基建、有色等优质成长股。其次，从行业估值的核心驱动因素来看，更看好成长类行业，因为全市场估值中位数与沪深300估值中位数的比值已经接近历史底部，一大批优质成长股估值已经回归合理水平，市场风格有望向成长倾斜。另外，监管放松、并购重组放松、减少交易干预、鼓励长期资金等措施推出必将有助于提升中小市值公司的活跃度，因此，表现强势、受益监管放松的相关题材成长类行业和公司值得关注。

第六章 技术分析能否弥补基本面分析的不足

典型的基本面证券分析师认为股票的选择应该基于对未来收益或者现金流的预测，而技术面分析师却看重股票的历史价格和成交量。虽然技术分析也可以当成筛选工具来确定未来分析的候选股票，但运用技术分析的最佳方法是先进行基本面分析，随后再通过技术分析进一步提高操盘能力。查尔斯·道（Charles Dow）先生说："在市场的判决面前，任何知识都显得苍白无力。"技术分析师相信市场可以预测未来，对诸如收益降低或者疲软的经济等进行预测，因为技术分析中最重要的概念就是趋势。趋势指的是价格变动的方向，如向上、向下或者横向盘整。上行趋势指的是一只股票的价格随着时间的推移不断走高，表明市场参与者日益看好这只股票，并且愿意随着时间的推移给出更高的出价。下行和横盘趋势则情况恰恰相反，意味着来自卖方的价格下行压力正在抵消来自买方的价格上行压力。如果基本面分析结果和技术分析结果之间存在着较大的差异，则有必要去探究真正的原因。谨记：在互联网和房地产泡沫形成的年代，市场充斥着非理性投资，并且逆向投资者也会遭受重大损失，因此，一般情况投资者不会轻易相信技术分析师，而是会等到突破先前阻力位时再出手。这样做的理由在于，投资者需要通过买入行为来抬高股价，如果没有这种买入，价值被低估的股票仍然会处在低位。这就是把基本面分析和技术分析结合起来的理想状态——通过基本面分析找到可行的长期投资或短期投资，再通过技术分析决定采取行动的具体时间。这也说明了基本面分析的前提假设是投资者是冷静的、有逻辑的、理性的、可以忽略情感因素的个体，作出正确的股票估值和交易。在进行基本面分析的时候，除了要回顾股票价格走势之外，还要常规性地参考技术指标帮助我们作出的分析，参考指标通知我们什么时候所关注的股票达到了超买或超卖的标准门槛等信息。当某只股票达到一个新的基本面买入或卖出水平时，参考技术指标可确定该买卖点是否与你的观点一致。如果与你的投资信号相差甚远，就需要明白为什么市场参与者和你的立场不同。在现实中，市场经常被极端的乐观或者悲观情绪所引导，使得股票的价格大大高于或者低于公允价值，技术分析工具可以测出投资心理在什么时候会被夸大。让一只股票上涨或下跌速度过快、幅度过大，可能需要不止一次的快速修正，这就叫作超买或超卖现象，技术分析师使用动量指标可判断出来。最常用的动量指标是随机指标、平滑异同移动平均线（MACD）和相对强弱指标（RSI）。可以说，技术分析是以预测市场价格的未来趋势为目的，以图表为主要手段对市场行为进行研究，再从中筛选出股票的金融市场分析方法。

技术分析理论认为市场行为包容消化一切，这里的“一切”包含理性投资者的投资决策和非理性投资者的投资决策，且市场行为的落脚点是价格变化、成交量和波动等方便可得的信息。技术分析理论认为股价波动可以定量分析和预测，技术分析的落脚点在于对股票价格信息的研究，这使得它天然具有可量化的属性。道氏理论、江恩理论、艾略特波浪理论、日本蜡烛图理论和中国缠论是典型的代表，通过常用的系列技术指标如均线、MACD、RSI、KDJ、BIAS等工具分析市场趋势、超买超卖等市场特征。不同的理论体系有各自的优缺点及适用性，道氏理论侧重于宏观分析，江恩理论注重市场行为细节的研究，艾略特波浪理论则注重趋势的把握，蜡烛图理论的核心在于通过K线的对比变化把握市场多空力量的对比等。

具体来说，基本面分析可以判断公司长期的股价运行趋势方向。在证券市场里，股价短期内的涨跌和基本面有时候关系不大（股价短期涨跌受市场情绪和资金进出推动影响较大），但是，长期必然是同向平行的运行。简单地说就是股价几天、几周、几月的涨跌，受市场情绪波动而造成的资金进出影响，但是如果把时间拉长到一年、两年，甚至几年、几十年来看，股价的涨跌运行方向一定是和公司业绩增降方向一样的。长期来看，一家业绩一直持续快速增长的公司，股价也一定是持续快速上涨的。所以，通过基本面分析判断公司业绩长期的增降方向和增长速度，能够掌握股价的长期涨跌趋势方向。基本面分析不必盯盘，从而可以节约大量时间。基本面分析往往在初期首次全面分析一家公司时比较费时费力，而在完成首次全面分析后只需要对公司的一些基本面变化持续进行跟踪即可。一家公司的基本面变化一般都是一个缓慢的过程，普通投资者有足够的时间可以进行跟踪分析，只需抽部分时间留意公司公告就好，有条件的可以对公司进行调研，这样有利于投资者保持情绪稳定，涨跌不慌。当投资者通过基本面分析大致判断出估值是高估或是低估的范围后，就可以作出相应的买入卖出投资决定。总之，基本面分析可以确定公司及股价发展长期的方向，却很难找到相对较好的买卖点。我们知道，一家公司股价的涨跌在短期是受市场情绪和资金进出影响的，通过技术分析投资者能够轻易找到相对较好的买点和卖点，从而增加收益率和确定性，获得其超额收益。股价是由公司内在价值和市场情绪这两部分组成的，要获得超额收益，利用市场情绪是必不可少的手段。投机大师索罗斯说过一句经典的投机哲理："世界经济史是一部基于假象和谎言的连续剧。要获得财富，做法就是认清其假象，投入其中，然后在假象被公众认识之前退出游戏！"技术派认为股价的走势反映了上市公司所有的信息，股市中当公司发生了突发事件时，股价一般会在当天迅速作出反应。比如有什么利空或是利好，但是还没公布，盘中股价突然大涨或是大跌，收盘后才发布公告。此时，大资金持有机构或是能接触公司内部的人，他们可以提前得到信息，从而得以提前买入或是卖出。尤其是在中国目前制度还不健全的市场，我们经常可以看到一些公司股价在收盘前突然涨停，然后当天收盘后公告高送转或是重组并购等利好，这就是提前泄露消息的原因。通过股价异常表现，部分技术高手能够捕捉到一些赚钱机会。技术分析运用比较多的就是趋势分析，通过判断当前股价处于上升趋势还是下跌趋势，得出上涨概率大还是下跌概率大，从而判断主力运作过程，制定自己的买卖策略，增加投资的成功概率。实战投资中有时候我们会遇见这样的情况：公司基本面非常好，且股价在底部没有经过大幅上涨，但是买入后股价就是不涨。出现这种情况可能有两个原因：第一，可能公司有什么基本面不好的信息反映了未来不好的预期，而我们不知道。第二，虽然基本面很好，但市场主力大资金没有完成大量建仓。当个股牛转熊，股价跌破上升趋势时，技术分析投资者应严格按照纪律立即卖出，从而规避长期的大幅下跌。更详细的投资技术分析技巧见后续章节。

除了基本面和技术分析外，投资股票就是一种零和博弈游戏，心理博弈决定了实际博弈的过程和结果。市场心理一旦形成就会成为定式，而人的思维习惯模式一般很难修正，即实质上很多市场标的已经提前反应，但投资者却没有任何风险意识。在股灾市场失效的情况下，信心崩溃时大家都在等着“逃命”，但依然有盲目乐观和浑然不知的投资者站在“山顶”上。这就是“为什么看到价格，你心动了，看到走势，你又犹豫了”的简单道理，即人们常谈价值投资，忽视趋势交易的结果。我们所谈的趋势投资就是利用从众心理获取短期波动收益。趋势交易的核心是“趋势向上”，坚持巴菲特所说的“不打算持有一年，就不要持有一天”的价值理念是做好趋势投资的关键，转折处的投资除了追寻超跌外还应忍受套牢的心态，享受中线投资逻辑最大限度的确定性。如果确定性不高，参与的机构就少，就有可能被游资当成题材股，把中线行情变成短线爆炒行业，把半年的空间在一周内涨完，使操作周期被破坏，如此就需要改变操作，降低预期早早兑现。对于长线投资逻辑，需要看到产业链绵延发展的规律和公司长期增长的确定性，如5G产业链、消费升级。想要长线持股，最好能快速脱离成本区，只有当个股涨到10%以上，成本才容易被忘记。所以，长线投资必须从中线逻辑做起，抓住长线机会的买入点，享受中线趋势的快乐。比较典型的是消费类股票，高端酒的提价是一波一波的，中端品牌的渠道拓展也是一个地方一个地方进行的，这些都是中线逻辑，有明确的业绩释放时间。2017年买高端酒，2018年买中端酒，既有长线逻辑，又有中线逻辑。长线投资最好的办法是以中线逻辑买入，如果长线逻辑仍然存在，操作周期就转为长线投资一路持有，避免“用中线逻辑买入，用短线逻辑止损”的结局。绝大部分绩优白马股都有长线投资逻辑，选择熟悉基本面、中线逻辑较强的股票，作中线操作计划，可提高转折期投资业绩。熊市抄底绩优白马只需要做好三件事：

第一，在低估区，至少分三批建仓；

第二，密切跟踪上市公司，随时判断中线逻辑有无变化；

第三，忘掉买入成本。

第四部分

投资之道：摆脱思维模式，不走寻常路

第一章 摆脱思维模式，做趋势投资者

传统思维的投资逻辑往往是单一的、线性的，而单一的推断往往是不成立的。在作投资分析的时候，分析师往往比较注重股票估值水平的高低，而影响估值水平的因素有很多，如宏观因素、心理因素、估值因素（如现金流贴现）等，多种因素共同作用导致了市场波动。影响股票市场估值的第一个因素是上市公司的经营业绩，上市公司通过提高自身经营业绩来提高估值水平；第二个因素是市场的资金成本，通过宏观降准、降息，降低市场的资金成本，提高估值水平；第三个因素是投资者的风险偏好，风险偏好越高，估值水平就越高。从2016年开始，“韭菜”越来越少，两融规模在缩减，尽管利率下行有利于估值提高，但风险偏好的提高有可能会降低估值，所以，我们不能只讲估值不讲风险偏好。打破思维惯性的最佳方法是采取趋势技术，趋势会告诉投资者现在市场所处的状态和方向，但是趋势不会告诉投资者极限在哪里。因此，正确的投资交易心理是等待趋势的确认，当市场把筹码收集得差不多、处于主动地位时，主力就会将投资标的快速拔高，让大多数投资者望而却步。正如畅销书《富爸爸穷爸爸》中讲到的，穷爸爸看似聪明，好好读书努力工作，到头来却是一辈子打工；富爸爸不走寻常路，不与穷爸爸比成绩比刻苦，却逮住机会发了大财。随着投资经验的积累，投资者变得越来越理性，也越来越关心宏观经济数据。这样的现象反映出投资者理性程度的提升，投资者的投资理念与成熟市场的投资理念日益接近。但是，数据反映的是过去，而投资买的是未来。只有把握未来的情况，才能准确把握市场走势，作出正确的投资判断。同样，投资者的投资行为看似理性，但受情绪的影响却很明显。比如，估值低、成长性好的品种应该随时买入，但投资者的购买时机往往取决于两种因素：一是价格出现上涨时，二是当别人推荐时。此外，从众心理（即“羊群效应”）也是非理性投资的一个典型表现。不少投资者常常追涨杀跌、亏损累累。所以，投资过程是贪欲与恐惧相伴随的过程，如能克服情绪的困扰，应该能够提高投资业绩。如果从经济转型、改革与创新、消费升级等角度看，尽管过去经济高增长导致的泡沫风险仍然存在，但管制的加强又使得风险可控。因此，市场机遇往往来自超越一致预期的部分，来自寻常分析套路之外的逻辑。当投资者作出买入决定时，这个决定必然包含着他们对资产增值的预期。投资者买入的，只是想象中的未来，所以我们才会说“买股票就是买未来”。国内成长股的估值是否偏高？估值水平高低与否我们确实很难作出前瞻性的判断，当你买入并且一直持有这些股票时，公司真实的未来与你投资时所想象的未来一样吗？成功，有时是一个概率事件，绝大多数公司未来的变化都会超出大家的预期。正如20世纪90年代大家都在憧憬中国经济未来的黄金10年时，谁预料到2008年会发生全球性的金融危机，中国的GDP增速会连续11年处在下行的轨道？在改革开放41年的进程中，行业变化日新月异。可以看到，过去被追捧的银行业如今已遭受冷遇，互联网泡沫破灭后又重新泛起，过去诸如计算机这样的新兴产业，到如今也成了传统行业。因此，即便你持有某只股票不超过两年时间，也有可能因为新的事件的出现而颠覆你的想象并使你改变初衷。虽然投资者对股票未来发展的想象与未来的真实情况会有偏差，甚至大相径庭，但这未必会影响投资者的收益，因为其他人同样预测不准，而且可能和你有同样的想象，这就是所谓的一致预期。在一致预期作用下，股价会被推升，投资者反而有可能获得超额收益。回顾中国股市历次关于概念股的炒作，几乎每一个概念都是实际业绩差于预期的，可这些概念股的估值水平还是大幅提升了，这就是所谓“市梦率”的来历。可惜这些投资高手在炒作概念被证伪之前就已获利离场，留下一片鸡毛。因此，每个投资者都只能买到自己所想象的未来，但如果你想象的美好未来不能得到大家的认同，那就只有顾影自怜了。A股市场是一个最具有羊群效应的市场，换手率全球领先，其中散户占了85%的交易量，所以，研究投资行为有时候比研究估值高低更有意义。

股票投资有两种获利方式，一种是赚公司经营发展成长的钱，另一种是赚市场博弈的钱。可能有些人会觉得价值投资就是只赚公司的钱，然而不争的事实是，价值投资者也会挣市场博弈的钱。就拿当今价值投资威望最高的巴菲特来说，他曾说过：“在别人恐惧时贪婪，在别人贪婪时恐惧。”这其中的贪婪和恐惧，实际上就是站在大众人性的对立面参与市场博弈，而且重要的是，这种博弈是建立在对公司长期价值的正确判断基础上的。一个公司基本面的长期变化往往指引着一只股票股价的长期运行方向，股票短期的价格变化和基本面关系不大，但是长期来看，股票价格的运行和公司基本面的变化是呈现正相关的。利用基本面向好对股价运行方向的长期影响，即使抄底失败导致短期被套，迟早也是大概率胜出。投资大师杰拉尔德·勒伯说：“只有等到机会，才能安全地获得利润，渴望和迫切并不能赚到钱。必须拥有紧握资金不投资的坚强意志和能力，等待真正机会来临，这是在投资生死战中取得成功的关键。”但又有人说了：投资分为三层境界，第一层境界是等待机会，第二层境界是抓住机会，最高的境界是创造机会。确实如此，但是，普通投资者应该问一下自己是否有能力去创造机会。我想99.9%的人是不具备这个能力的，大部分人适合的方式是耐心等待机会，并在等待的同时做好抓住机会的准备工作。大道无为，待有为之。当市场上的机会不确定时，我们应该耐心等待明确的大概率机会出现。急躁的心态是每个投资者的大敌，往往容易使投资者迷失在茫茫的投资世界里。急于求成往往适得其反，做一个冷静理性的投资者，从容不迫地面对每一个困难，每一次机会。学会适时适当地放弃部分机会，不仅是投资的智慧，更是人生的大智慧。

第二章 学会价值投资，不走寻常路

从中国不同历史阶段的投资机会可以看出，随着恩格尔系数的下降，人们的致富路径会发生明显的变化：从最初的出卖劳动力到实业投资，从买卖到资本并购，社会财富向勇于冒险的人集中。此外，20世纪90年代中期以前，获得超额收益的主要途径是人力资本、商品及虚拟资本的跨地区或跨期套利，主要原因是中国的市场化程度不高。从20世纪90年代中后期开始，中国逐步融入世界经济体系中，与世界经济波动及热钱流动的趋向越来越同步。无论你处于哪个年代，都会遇到发财的机会，当你感觉机会来临的时候，你是否敢于冒风险进行投资？比如，在你的消费需求还没有满足的时候，能否压抑消费需求而把积蓄用于投资或套利？再如，与你收入相当的人只有实力买一套房子时，你是否敢买两套？别人买经济适用房，你是否敢买别墅？在更多的时候，你应该买你买不起的东西，因为恩格尔系数一直在下降，人们的收入水平一直在提高，等到大家都攒到与当初的投资额相当的钱款想要投资的时候，价格也已今非昔比了（稀缺物品或昂贵的东西，永远只是被少数人拥有）。乱世黄金，盛世收藏，古已有之，在满足了基本的生活物资需求后，人们会考虑精神生活层面的享受，而收藏不仅可以满足这个需求还能保值增值。有人说，艺术品尤其是本国的艺术品投资是当代最暴利的行当，原因之一是新兴国家如俄罗斯、印度和中国的富有阶级投入大量资金购买本国艺术品。统计表明，艺术品和古董的价格与一个国家的经济地位具有明显的相关性。自20世纪90年代开始，中国当代艺术品进入国际艺术品市场，并在此后10年价格上涨了几十倍，大大超过大多数人收入的增长速度。艺术品的涨幅与少数人的财富增长同步，它属于少数人。笔者认识的几位投资家，他们在10多年前就开始收藏古玩书画，甚至到国际著名的古玩拍卖市场购买昂贵的中国古董。他们认为，进行古玩和艺术品投资，第一，要规范，避免买到赝品；第二，需要有公开的拍卖记录，以便保证流动性；第三，只要是稀缺的，就不担心价格的上涨空间。他们深信摆放在企业家别墅里的古玩、艺术品能彰显主人身份和品位，市场的需求自然会水涨船高。

全球的富人几乎都是运用财务杠杆来玩“抢钱游戏”，实现财富的快速积累。2006年末至2015年末，中国的M2增长了3倍，但一线城市的房价涨幅远超3倍。可见，房子还是一种可以加杠杆的投资品。原因是过去10年货币迅速扩张，持有货币是最大的风险，尽快把货币变成资产尤其是房地产，是比较安全的做法。不过，上证综指居然是下跌的，GDP增速、流动人口、粗钢产量、煤炭、石油价格均出现回落或下降。因此，持有“能创造价值的资本”——股票，事实上也是有一定风险的。因为在未来流动性过剩越来越显著、靠高投资拉动的经济面临调整的背景下，虚拟资产价格的上涨是一个选择性趋势，投资稀缺性资产，如投资人口膨胀的城市房地产、乡村振兴的特色小镇、高增长养老健康产业和医疗器械行业龙头企业等，才有希望获得超额收益。尽管未来这些行业发展前景或成长性被看好，但未必表明归属于该行业的股票就只涨不跌。同样，传统行业或周期性行业在货币政策趋紧阶段，也未必只跌不涨。因为影响股价波动的因素实在太多。但是，最根本的因素还是估值水平。然而，股市不能仅仅就估值论市场泡沫大小，不同板块行业的股市都具有周期性波动特征，每当市场出现持续的周期性上涨或周期性下调的时候，估值方法的有效性就会大大降低，理性投资者如果想以估值方法来决定买卖时机，难免会产生困惑。由于这个市场不乏先知先觉者，因此我们不能期望自己总能以最低的成本买到最好的东西，但应该追随趋势，赶早不赶晚。巴菲特和索罗斯这两位风格迥异的大师有一个共性，那就是抓住机会就高比例建仓，正如索罗斯的名言："一旦发现机会，要两只脚踩上去。"

《孙子兵法》云："以谋为上，先谋而后动。"多谋而善断，在入市投资之前，必须确定投资计划。对于投资市场先要有个大致的了解，之后再决定你想操作的具体投资标的。一旦选好操作标的，就要收集其所有的基本信息，确定这一操作标的的长期价格走向和具体的主要支撑位和阻力位。制定未来的时间周期路线趋势图，使自己更清楚地认识到现在正在考虑的操作或投资所面临的风险收益情况。一旦市场走势与你的预期相反时，你便可及时对市场作出敏锐的反应。例如，当你正在观察的证券品种处于长期上升趋势，但是你认为它短期将向下调整，那么操作头寸可能要安排得小一些，或是将止损区域设得更窄一点，以免在操作周期内出现上升主要趋势重新占据主导地位的不利局面。尽管你可能认为中期趋势是牛市，长期趋势是熊市，但仍要为此时间周期内的走势确定一个牛市趋势或熊市趋势的子循环（2~3周时间），并适当地配置所投入的金额。市场走势瞬息万变，有时候计划赶不上变化，这就要求投资者在投资计划大原则不变的前提下，根据市场短期的波动，不断寻找操作边界。例如，看股市一天之内的走势，如果在60分钟图上发现一种形态能比其他时间周期图提供更好的买卖点，就应当机立断更换临时性的资产配置，将其调整到黄金分割位0.382或0.5的仓位折返点。在实践中，尽管股票市场技术分析支持将所有信息都反映在图表中，但仍有大量细微信息如板块联动机制、个股信息等值得关注，因为这些信息对市场反应最敏捷，所以游资十分青睐于它们，容易造成市场的波动，产生良好的交易性机会。每一次价格变化都会发出新的信息，根据这些新的信息你就可以判断市场是否在按照你所预期的模式下运行。如果最初的预测是错误的，你就可以立即对预测的变化进行更新，并仔细核查以确保这种变化是否需要改变止盈位或止损位。这样随着操作的进行，就需要投资者持续不断地研究市场的反应，并将每一次操作当作一次学习机会。永远不要认为自己是正确的，市场趋势之道永无真正“收盘”之时。

第三章
走在转折点处的投资之道

在当前国际国内经济形势下，强化金融管理不仅是管理各类金融产品的发行和销售，还要控制和调整房地产市场的供需结构。从这个意义上讲，笔者曾任职的珠海永乐盛昌资产管理有限公司正处于发展的转折关头，如何摆脱困境成为当下的研究课题。政策虽然无法逆转市场趋势，但它可以改变趋势的速度，从而延缓或者化解风险。因此，每逢股市下跌就认为股价跌至估值底的判断，并不符合中国当前实际国情。自2008年至今，中国经济增速虽有反弹，但总体维持向下走势，2015年的一轮大牛市，虽然短暂却很壮观，但回过头来看，经济比2014年更糟了，货币规模继续膨胀，债务增速比M2增长速度更快。尽管如此，股市的底部还是抬高了不少，一线房价涨得更多。投资也好，政策也罢，都难以改变经济增速下行趋势，只有货币，才能改变虚拟世界的价格。未来看空经济未必要看空股市，看空股市未必得看空板块和结构性机会。翻开投资历史之书，荷兰的郁金香球茎曾被大肆炒过，国内的君子兰也曾被炒过，被炒卖过的甚至还有普洱茶、大蒜和生姜。当下货币规模不断膨胀，资产价格日渐回归价值，投资前景更为明朗。当然，不是所有的市场投资都在愚弄投资者，成熟的市场还是适用价值投资理念标准的，一、二级市场投资联动成为必要手段。既然如此，我们需要建立一个具有合理估值的体系，以便准确预期经济波动和股市运行规律。长期趋势受宏观经济因素影响，促成短期走势受基本面和技术面的变化而变化，趋势一旦形成，则延续的时间会很长。所以，长期趋势符合演绎法，短期反弹符合辩证法。2018年及之后，中国GDP增速将继续走平或回落，原因主要是基建投资增速和房地产投资增速都可能继续回落，周期性行业产能过剩的总体格局一时难以恢复，上中游产业的产品价格传导或受阻，但即便经济继续下行，股市和房市的结构性机会还是存在的，就如2012—2015年的创业板和中小板结构牛市格局和2014年的房市“艳阳春”。况且，中国股市总市值占比不到8万亿元，低于全球平均水平，占M2的比重就更低了。尽管股市、房市有泡沫，但它们也是与全社会的资产泡沫现象相关联的，各大类资产泡沫还能维持，且有一定的投资空间。在股市见底阶段，人性因素对股市的影响可以占到60%，宏观经济环境因素对股市的影响占到40%且较多发生在转折期的孕育成长阶段，投资大师通过估值分析判断出股市的最佳投资时期恰恰是在转折期。因为在市场情绪悲观导致市盈率和价格较低时，买入具有较高成长性公司的股票，随着公司业绩的快速增长，同时伴随市场人气的恢复，投资者可享受到公司业绩增长加上市场估值提升的双向超额收益，实现“戴维斯双击”[①]。

在转折期如果想投资爆发性增长的公司，首先，要尽量选择成长发展空间非常巨大的朝阳行业，这类行业的产品非常具有

① 戴维斯双击：在低市盈率买入股票，待其成长潜力显现后，以高市盈率卖出，这样就可以获取每股收益和市盈率同时增长的倍乘效益。

竞争力，能使消费者获得前所未有的体验感，同时，其价格又是普通大众所能承受的，因此产品供不应求。比如，苹果智能手机颠覆了原来的按键小屏手机，这一产品不仅使苹果公司快速发展，也带动整个新生手机配件行业格局的快速发展。由于业绩增长受到产能不足的制约，无法快速提升业绩，因此，一旦新增产能释放，营业收入必将大幅增长，业绩也会呈现爆发式增长，此种情况下，股价想不大涨都难。其次，选择毛利率稳固提升的公司。在行业竞争加剧情况下，公司毛利率上涨还是下降，反映了行业竞争状况。如果大家为了销售自己的产品都在降价促销打价格战，势必导致毛利率快速大幅下滑，这样的恶劣竞争市场环境很难在短期内走出牛股。同时，很多牛股都伴随着公司并购重组而产生，好的并购不仅能吸引资金的追捧，并购后还能使公司业绩外延式增长，从而产生超级大牛股。事实上，在公司发展过程中，不同因素往往会导致公司时隔几年就会出现一次困境，这种周期时常也出现在成长股里。转折期公司的暂时困境会导致投资者过度悲观，从而给该公司一个十分低廉的估值，这就为未来我们获得超额收益奠定了基础。彼得·林奇曾指出："如果能在公司最困难时买进，并在公司走出困境时卖出，往往能获得非常惊人的超额收益。"困境反转股在反转初期，由于长期大幅超跌使股价处于底部，而业绩又在向好的转折点，因此这类股基本不受牛熊市场长期影响，股价会走出独立行情。成长型困境反转股和恢复型困境反转股的重要区别，就是看公司是否具备持续的成长空间，行业空间和营业收入是判断的依据，但需要注意的是，有些公司虽然短期出现营业收入停止增长，但公司通过开发"体量足够支撑现有主营和市值规模”的新产品、新市场，从而使公司营业收入和利润在较大的发展空间下持续成长，成为成长型困境反转的好公司。对于成长型困境反转的好公司，大部分利润其实是靠长期持有获得的，能够长期拿住需要忍受长期的寂寞以及其间出现的中途回撤，不经历风雨怎么见彩虹？其实，投资成长股并不是非要买到十倍股、百倍股，真正的意义在于成长股靠企业的持续发展壮大、业绩不断快速增长，从而推动股价不断持续上涨。我们投资成长股，除了赚市场博弈的钱，更多、更重要的是赚企业发展成长的钱。寻找大行业小公司、业绩持续快速增长、管理有道、仍未被大多数投资者发现的优质成长股，就如同从众多鱼苗中寻找属于你的小鲸鱼苗，等待它在大海中慢慢成长。由此可见，成长股长线投资是一种实用、有效的投资方式。历史上大部分超级大牛股都具有一定时代的特征，符合当时经济的发展方向。再比如城镇化的快速发展产生了万科这样的超级大牛股，同时，房地产的快速发展和经济的快速增长，也带动了空调市场的快速增长，从而产生了像格力电器这样的超级大牛股。大行业中的小公司当时的市值规模在行业中占比还非常小，从而可以为未来持续快速发展奠定成长的基础。如大华股份、海康威视公司的成长符合了当时“安防经济”的产业发展方向，拥有市场环境的巨大需求。随着市场题材热度的发酵，主题投资越来越受投资者的关注和欢迎，涌现出不少机会，如粤港澳大湾区、雄安板块、“一带一路”、国企改革、科创股概念等，它们是转折期投资的较佳选择。为谨慎起见，笔者在这里提醒投资者，只有股价处于底部还未经大幅炒作过的股票大幅持续放量，主力机构吸筹的概率才会比较大，再结合分析公司基本面，等股价大幅放量后出现缩量回调企稳，即是较好的介入时机。

2019年1月30日，证监会发布《关于在上海证券交易所设立科创板并试点注册制的实施意见》，科创板进入具体实施阶段。业内人士推测，2019年7—8月，科创板有望正式登陆上海证券交易所，这对于A股市场参与者来说，既是挑战又是机会。不仅因为科创板是增量改革，将重构A股的估值体系，同时也将带来新的、更多的科技创新类投资机会，也意味着上海带动长三角科创、经济一体化协同发展将步入快车道。随着科创板顶层设计的基本原则及注册制的实施细则联袂出台，资本市场的制度基因与投融资体制将发生深刻变化，股票市场的投资逻辑及未来股指的运行趋势也将发生相应变革。具体表现在：

（1）在市场化和法制化导向的科创板制度体系中，市场化发行询价环节是其制度的根本，大幅度提高网下发行比例，将使询价对象话语权更大，而战略投资者仅是价格接受者，让定价结果更趋合理，市值指标成为最重要的约束机制，并引导IPO市场从重审核轻发行向严审核重发行转变。只有尊重投资者利益的公司，才是有可能与投资者共赢的公司。

（2）科创板在市场机制设计上，主要面向机构投资者发行，给散户的比例最多只有公开发行股票的20%，更多是鼓励中小投资者通过公募基金等机构投资者间接投资科创板上市公司，以引导市场从散户为主向机构化转变。50万元的投资门槛会拦住接近80%的散户投资者，确保进入市场交易的投资者都具备一定的资本实力和风险承受能力。

（3）科创板在做空机制设计上，自上市首日起即可作为融资融券标的，且新股上市前5个交易日不设涨跌幅限制，自第6个交易日起涨跌幅设为20%，这有利于新股充分换手尽快形成市场合理价格，改变单边市的交易机制，也意味着市场博弈进一步复杂化。

（4）在科创板的规则体系下，可以预见投行业务将成为调动整个证券公司资源的核心，除承揽保荐项目外，还需要协调资本实力跟投，在发行配售环节带动经纪业务实现佣金收入，并培养自己的长期资本方客户开展特定股东非公开转让减持业务的承销机会。

（5）科创板上市公司特定股东可以向机构投资者非公开转让股票，这相当于新建了一个批发业务渠道，是减持新规以来的一个重大突破。还作出公司上市5年内尚未盈利，则特定股东不得减持首发前股份，以及发行人的高级管理人员与核心员工设立专项资产管理计划参与战略配售不超过10%的规定。这是对股权激励与退出机制的补充。另外，还允许孵化分拆子公司再上市，这是对创业机制极大的鼓励，必将带动科创板上市公司更具活力发展。

科创板上市公司行业定位于符合国家战略、掌握核心技术、市场认可度高的行业，包括互联网、大数据、云计算、人工智能、软件和集成电路、高端装备制造、生物医药、新材料、新能源等高新技术产业和战略性新兴产业。公司的投资价值、核心竞争力和竞争壁垒是什么，公司经营的驱动因素和风险点是什么，影响公司盈利的因素有哪些、行业空间有多大、行业未来在哪里、直接竞争对手与公司相比的优劣势等问题，是投资者所关注的基本面。一般来说，我们可以通过宏观逻辑、产业逻辑、业务逻辑与财务逻辑四个框架去思考。技术路径选择与全产业链的生态竞争是最为重要的战略，以形成强大的研发、技术或产品创新能力，及可持续的成本与规模优势，构筑出相对于竞争者可持续发展的壁垒，其领先的技术与商业模式优势及市场份额持续扩大，会引导行业集中度迅速提升。同时，对一些产业拐点的把握也十分重要，比如站在现在时点看，智能手机的普及与流量红利基本上结束，大级别的技术创新可能需要较长时间的探索，大数据、云计算、下一代智能终端形态的发展逻辑又将有新的变化。从财务逻辑看，对于科创板企业来说，最先增加的可能是技术人员与研发费用，然后才是流量、用户与收入，净利润与现金流相对明显滞后。

第一批科创板上市后，市场炒作热情势必会高涨，对投资而言，科创板定价相对偏低或适中的新股容易吸引场外资金关注，大资金介入后才有拉升空间。一般而言，10元、20元附近的新股机会较大。首日换手率大于80%则可能是多家机构入驻，反而不利于该股的拉升，换手率在60%~70%之间比较合适。首日K线形态若收阳线较好，表明新资金愿意在首日开盘价上方介入，定价得到了市场认同。十字星次之，阴线较差，但也不是绝对，应结合定价分析。如果新股上市次日强势突破上市首日最高点后，不出现强势上涨，而再跌破上市首日最高价，则要减仓应对。如果跌破上市首日最低价，则短线清仓出局。及时止损非常重要，这是操作纪律，必须执行。在短期内（一般不超过15个交易日）再次放量上涨突破上市首日最高点，或创上市后新高，此时是介入良机。而中线介入点，往往在股票上市强势整理时间长达1个月或者3个月之后，等主力收集筹码时间充分后，才展开中线主升浪，直至换手率接近吸筹区换手率80%以上时，才考虑卖出。

笔者借助转折期的投资之道，与上证A股、中小企业板、创业板估值进行比较，挖掘出在转折期值得投资的相应概念板块，如图4-1所示。

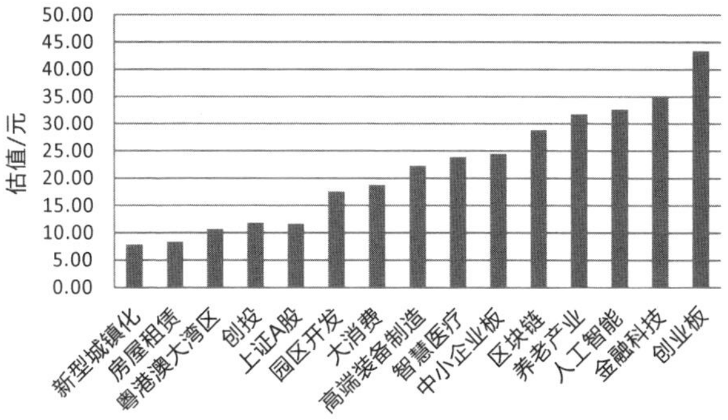

图4-1　转折处值得投资的相应概念板块估值比较

从图4-1获知，截至2018年11月8日，相应概念板块市盈率低于上证A股指数估值11.6倍的上市公司相应概念板块有新型城镇化、房屋租赁、粤港澳大湾区、创投，园区开发、大消费、高端装备制造、智慧医疗板块估值低于中小企业板块指数估值24.45倍，而正处于市场热点中心的区块链、养老产业、人工智能、金融科技板块估值也远远低于创业板指市盈率的43.38倍。由此可见，市场已进入合理的估值区间，所选择的板块均在价值投资区域内。上述这些板块近3年的净利润增长率、净资产收益率、营业收入增长率见表4-1，这些数据均已达到巴菲特所要求的成长性标准。从考虑市盈率和成长性角度的市盈率相对盈利增长比率PEG指标分析，在转折处的投资题材或者主题，可选择新型城镇化、粤港澳大湾区、创投、园区开发、高端装备制造、养老产业概念板块。从中短线追逐热点角度看，选择日换手率相对较高的区块链、金融科技、人工智能板块相对较为抗跌，安全系数要高些。由此看来，转折处的经济动力源于城镇化和加快区域经济的发展，高端装备、人工智能、区块链和金融科技是其动力源的载体，改善民生实现可持续、高质量发展是最终的题材或者主题目标。走在转折处的投资之道就是寻找题材或者主题产业周期趋势。

表4-1　转折期投资板块精选

概念板块	市盈率	净利润增长率/%	净资产收益率/%	营业收入增长率/%	年初至今涨跌幅/%	PEG	日换手率/%
新型城镇化	7.84	31.81	9.49	-4.92	-20.67	0.25	0.84
房屋租赁	8.34	7.28	9.39	100.93	-19.92	1.15	1.24
粤港澳大湾区	10.69	34.86	12.86	18.92	-20.48	0.31	1.77
创投	11.80	28.59	8.15	11.82	-21.48	0.41	1.08
上证A股	11.60	—	—	—	-15.97	—	2.38
园区开发	17.56	23.51	10.47	13.94	-16.19	0.75	0.45
大消费	18.77	15.87	6.61	9.67	-20.98	1.18	1.15
高端装备制造	22.25	42.71	4.36	10.60	-25.09	0.52	1.60
智慧医疗	23.85	19.22	7.99	20.79	-25.92	1.24	1.83
中小企业板	24.45	—	—	—	-31.31	—	2.55

（续表）

概念板块	市盈率	净利润增长率/%	净资产收益率/%	营业收入增长率/%	年初至今涨跌幅/%	PEG	日换手率/%
区块链	28.83	7.27	7.62	14.89	-21.33	3.97	3.41
养老产业	31.79	49.43	6.85	20.47	-15.20	0.64	1.99
人工智能	32.71	23.76	8.57	29.02	-26.71	1.38	2.74
金融科技	34.97	13.52	5.91	36.33	-13.35	2.59	2.16
创业板	43.38	—	—	—	-28.44	—	3.79

数据来源：wind。

第四章
实业投资热衷探寻产融结合，创新创业发展

伴随中国消费需求的升级，社会经济环境也发生了改变，目前中国社会已经进入了“共享经济+社群经济+体验经济”的时代，生产力的供给模式发生了变化，由单一供给转变为“去中介化、再中介化”的P2P模式。从营销端来看，营销渠道已转变为基于粉丝的社群营销，消费重心不再是产品、服务，而是更加看重消费体验。随着电子商务平台的广泛应用，我们进入到信息极速互通的互联网时代，商业模式、商业思维也随之发生变化。互联网时代讲求市场迭代思维，产品、服务从一次性供给向多次叠加式供给转变。具体主要体现在技术创新、资本创新、服务创新。技术创新，主要指大数据、云计算等互联网技术的应用与普及，由单一的技术创新向全方位信息化解决方案创新发展；而资本创新体现在资本运营方面形成了“国有资本+社会资本”“开发资本+运营资本+退出资本”的融合发展；服务创新更体现在将服务需求与供给端相集成，并构建公共服务平台。改革开放41年来，随着中国经济结构的调整，“产城融合”已形成以城市为基础，承载产业空间和发展产业经济的重要载体，驱动着城市更新和完善服务配套，以达到产业、城市、人之间有活力、持续向上的发展模式，为区域经济和城市经济发展注入了内生动力和创新驱动力量，成为中国经济增长的助推器。

随着我国经济发展常态化，在国际产业转移、区域产业转型升级及大众创业、万众创新的新形势下，传统的房地产开发商已开始从依赖土地红利、人口红利、区域优势的“租赁型”“卖地型”模式向“管理型”“投资型”园区模式转变，由单纯的土地运营向综合的“产业开发”和“氛围培育”转变。伴随产业园区的主导产业，由传统产业向高新技术产业不断地转型，也必然使园区的发展内容和特征存在以下几个明显的趋势：

趋势一，从注重优惠政策向发展产业集群转变。

趋势二，由加工型高新区向研发型高新区转型。

趋势三，从强调引进大型公司向科技型中小企业集群转变。

趋势四，由单纯的土地运营向综合的“产业开发”和“氛围培育”转变。

趋势五，由功能单一的产业区向现代化综合功能区转型。

可见，未来产业园区的发展必然是从孤立的工业地产开发走向综合的产业开发，通过土地、地产项目的产业入股等方式，将土地、园区物业与产业开发结合起来，从追求环境建设走向全方位的氛围培育，进一步打造区域文化、创新机制、管理服务等软环境氛围，提供各种商业服务、金融信息服务、管理服务、医疗服务、养老休闲服务等综合功能。对构建科技创新、服务创新的投融资平台就显得尤为重要，当前实业投资者已开始整合各类技术创新型“联盟公司”，“小核心、大协作”成为创新创业投资的新模式。比如笔者曾任职的珠海永乐盛昌资产管理有限公司就开始联合珠海锦湖置业管理有限公司对其开发管理的珠海金湾总部基地项目的入驻总部企业从金融服务、投资决策、股权招商、技术创新、品牌服务、运营管理等开展全方位的协同合作，秉持“实现园区价值、携手客户成长”的经营理念，以标准化产品为基础，计划通过个性化服务定制为园区20多家中小企业提供产融解决方案，共同打造园区区域总部经济。珠海金清高科大健康产业总部孵化器园区模型如图4-2和图4-3所示。随着粤港澳大湾区建设开放步伐加快，在《珠海金湾区加快推进科技创新驱动若干政策措施》的大力扶持下，产业园区投资需求将会越来越大，可以预计，产业园区投资增速将保持20%以上，是实业投资增速最快的一类项目。其产业园区招商引资的主要经验在于：一是通过发展主导产业、辅以产业配套服务来优化产业总部经济整体布局；二是政府担任了项目投资与合作的引领者和主导者；三是扶持现有企业，做大增量、盘活存量，促进创新融资；四是区域联动，由单一项目向产业集合招商转变。广东珠海金湾区投资环境新貌见图4-4。

图4-2　珠海锦湖永乐金湾总部基地模型

图4-3　珠海锦湖永乐金湾总部基地模型

创业投资、产业孵化器等对区域经济的发展起到催化和推动作用。在国外，一般创业孵化过程中的高科技企业10年生存率仅为5%～10%，需要政府的扶持和帮助才能有效化解或转移各类风险，孵化出高层次、高周转、高成长的真正意义上的高科技企业。尊重市场规律，与传统产业融合发展，完善项目的科技、经济评估机制，实现从战略性产业向主导产业的转化，产业关联和扩散效应就会大大增强，从而形成相应的生产力，促进产业结构的优化升级。

图4-4　广东珠海金湾区投资环境新貌

供应链金融与区块链技术融合，促成产业资本崛起。在外部需求疲软和内部产能过剩的宏观环境中，企业经营理应同供应链金融形成合力，以优化企业供应链条，合理优化企业成本，提升企业经营效率，寻找出新的业务增长点，获取更多利益。所谓供应链金融，是指以供应链内部交易结构为依托，引入核心企业、物流公司等风险控制变量，运用自偿性贸易融资手段，为供应链上各个环节的企业提供综合性金融产品和服务。供应链金融主要模式有应收账款融资、库存融资、预付账款融资。其中应收账款融资通常运用于赊销账款较多的上游供应商，通过将应收账款单据转移给金融机构作为担保从而取得信用贷款；库存融资则是以企业库存作为抵质押物进行融资的供应链金融模式，分为静态抵质押授信以及其延伸业务动态抵质押授信和仓单质押授信；预付账款融资主要运用于预付款较多的下游经销商，具体是指在上游企业承诺回购的前提下，由第三方物流企业提供信用担保向银行等金融机构申请质押贷款。供应链金融的核心在于风险管理与需求匹配，这就要求依赖区块链技术进一步提升数据收集与挖掘的手段和能力，利用数据进行需求识别和风险计量。大数据、云计算、区块链、物联网、人工智能等新兴技术将使得金融从业者能够在更低成本的环境下更广泛地收集有用数据，对风险和需求进行分析，从而实现金融服务的精准匹配与严谨风险管控，成为企业新的营收增长点。企业自金融还有助于企业获得资本市场更强的认同。这种认同出于企业自金融对增强企业综合实力和提升盈利能力的预期，特别是在A股市场上，较多开拓金融业务的传统企业市值都在短期内因为投资者的青睐而大幅提升，而后由于金融业务成效体现而实现业绩与股价的双升。例如笔者曾服务工作过的上市公司嘉欣丝绸是开展产业类自金融服务的先驱。嘉欣丝绸曾设立嘉兴金蚕网融资租赁有限责任公司，作为开展茧丝绸产品融通仓融资和保兑仓融资业务的主体，自2001年起就充当了供应链融资的核心企业，向供应链上下游的中小企业提供融资等金融服务。截至2015年12月，嘉欣丝绸共有3.5亿元用于供应链金融业务，但明显供不应求。2016年嘉欣丝绸定增6.6亿元，利用原有融资团队和产业经验，对现有供应链金融业务进行放大。可见供应链自金融未来会更多地应用于教育、医疗、住房、出行等人们生活的各个方面。可以说，完善的企业自金融生态已经超越了金融层面，基于其掌握的全社会经营、活动、场景等区块链数据信息的增值服务，既能够应用于上层建筑，如宏观经济监控等，也能够应用于信用体系的底层架构，从而进一步提升企业自金融的价值和意义。

“追求卓越，止于至善”正践行着产业转型、创新发展的战略思路，也印证了习主席所倡导的“向创新要动力，向改革要活力”的发展理念。从城镇化和产业经济的角度来看，传统房地产建设已经不再成为发展的引擎，而“数字基建”将成为未来发展的主要支撑，在迎来中低端产业转移升级的良好机遇时刻，加速发展互联网、大数据产业可推动传统产业在未来5～10年内再次改变人们的生活和生产方式，搭建以窄带物联网NB-IoT模组和终端体量提升为核心的智慧孵化产业总部园区（小镇）建设是产业延伸发展的新增长点，探索出“绿色、智能、生态”的特色园区总部经济管理建设新模式。

展望2019年经济，我们清醒地认识到，宏观经济在“去杠杆”“供给侧结构性改革”和“中美贸易摩擦”的影响背景下，国内消费及投资将会受到重视，金融、房产、基础设施建设会有所松动，创新转型仍有一定的难度，尤其是房地产业的发展面临较高的土地成本以及上升的融资成本影响，更应学会从战略高度出发高瞻远瞩地分析各地区域经济、产城融合的特点，并结合各地房地产去化周期、库存状况，有针对性地选择如粤港澳大湾区、雄安新区、长三角经济圈等二、三线潜质城市去发展，管控好项目现金流支出和有息负债的增加，以金融引领产业，拓展产融渠道，实现经营性资产向投资性资产转变的目标。例如房地产业，在这一轮“去杠杆”背景下，表外融资收缩和房企债券融资收紧，势必对非标融资等创新融资渠道依赖较大，企业财务成本高企，面临的流动性压力和再融资压力会加大，拓展产融渠道成为金融创新的首选，如合作开发、资产证券化等已成为房企融资开拓增量的渠道，解决现金流时间错配的必要补充。例如借助信托渠道“信托受益权+专项计划”的双SPV[①]循环架构发行房地产REITs[②]或ABS[③]产品在交易所或银行间市场挂牌融资，可获得较低成本融资现金流，将经营性资产转变到未来资产管理投资模式，从而在促进房地产市场平稳健康发展的长效机制下，实现产城融合，快速发展。

---

① SPV：特殊目的的载体，其职能是在离岸资产证券化过程中，购买、包装证券化资产和以此为基础发行资产化证券，向国外投资者融资。

② REITs：房地产信托投资基金。

③ ABS：资产支持证券。

第五章
粤港澳大湾区投资前景广阔

近期以雄安新区和粤港澳大湾区为代表的“地图主题”备受市场关注，其背后是政策东风频吹和国家战略的不断提速。2010年起我国GDP增速逐步下行，增速换挡后目前整体处于“L形”增长的新常态下，经济结构和政治机制体制也正面临着转型。我国经济基础较好、活跃度最高的京津冀（华北）、长江经济带（华东）和粤港澳大湾区三大区域经济战略格局已初步形成，其中粤港澳大湾区经济正以开放力度最大的经济结构、高效的资源配置方式、强大的集聚外溢功能和发达的国际交往网络的面貌展现在投资者面前。粤港澳大湾区包含广州、佛山、肇庆、深圳、东莞、惠州、珠海、中山、江门9个市和香港、澳门2个特别行政区，GDP总量为8.59万亿元，第三产业占比高达61.17%，进出口总额为19741亿元，总人口为6656万人，行政区域面积为56071平方公里，推动了以深圳电子信息产业、东莞电气机械制造、广州高端装备和珠海与中山家电制造为主的高新技术产业集群的形成，具有较好的区域经济合作和协同发展的产业基础，未来有望逐步向高新技术产业转型升级，迈向全球价值链中高端，打造出具有国际竞争力的现代产业先导区。粤港澳大湾区未来将重点培育发展新一代信息技术、生物技术、高端装备、新材料、节能环保、新能源汽车等战略新兴产业，布局以广州南沙、深圳前海和珠海横琴为节点的大湾区金融核心圈先行先试，以适应即将开展的投融资便利化外汇账户管理工作。继续用好广东省科技企业孵化器风险补偿金，引导银行等金融机构加大对科技型企业的支持力度，整合和完善各类创业投资引导基金，大力发展创业和股权投资市场，培育私募创投行业，撬动更多社会资本投向种子期、初创期和成长期存在的科技企业。历来我国的区域经济规划存在重东部轻西部、重沿海轻内陆的特征，这与中国经济长期的外向型特征有关，也与三大区域本身的资源禀赋优势有关。粤港澳大湾区的优势在于经济增长效率较高和质量较好、政府债务压力较小、投资环境佳，有利于高新技术人才和企业的聚集，推动经济转型与技术创新，成为未来引领中国经济的增长极。

随着港珠澳大桥建成通车，珠海已成为粤港澳大湾区的投资热土，2018上半年珠海市出台了《珠海市加强招商引资促进实体经济发展试行办法实施细则》以及《金湾区加强招商引资促进实体经济发展试行办法实施细则》政策，对项目落户、增资扩产、项目建设、以商引商、企业总部和重点项目引进等方面给予政策扶持，珠海西部生态新区建设、珠江西岸先进装备制造产业带建设、“中国制造2025”等迎来重大发展机遇，推动了珠海“二次创业”进程，在此基础上金湾区又制定了《金湾区鼓励生物医药产业发展的实施办法（试行）》，对生物医药类企业进行全周期、全角度大力扶持，力求打造金湾区医药健康产业生态圈，确保实现“十三五”跨越式发展。例如金湖高科大健康产业孵化器园区正借助政策春风融合产业和金融资本朝医疗机器人、可穿戴健康产品、远程医

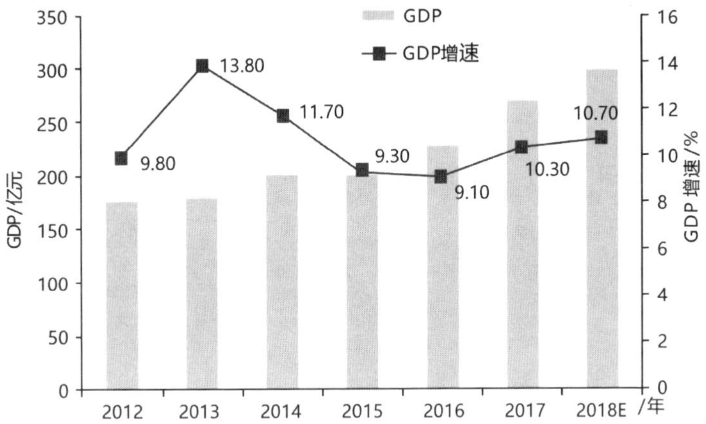

图4-5　金湾区GDP增速

疗等智能医疗领域拓展。金湾区政府网站数据显示（见图4-5、图4-6、图4-7），金湾区2012—2018年GDP每年平均增长10.67%，规模以上工业总产值每年平均增长12.5%，固定资产投资每年平均增长21.79%，其中生物医药产业、新能源产业、传统优势产业表现亮眼，实体经济拉动作用突显。例如2018年金湾区实际利用外资1.72亿美元，引进超亿元以上装备制造业项目13个。新签约引进项目26个，总投资178.76亿元，包括落户珠海国际健康港的绿竹生物、启辰生物等生物医药类企业，以及粤电海上风电、中航天河等新能源、航空航天及物流行业龙头领军企业，预计投产后这类企业的年产值达143.63亿元，实现税收19.5亿元。目前，正在洽谈意向项目投资额约427亿元，包含了一批国际领先的尖端创新药物、智能制造、电子材料和食品加工等项目，预计2019年新开工和已动工建设累计总投资额达262.73亿元，投产后新增企业产值达595.1亿元，有力地推进了珠海国际健康港、珠海国际动力港等创新载体建设，助力粤港澳大湾区经济高质量发展。

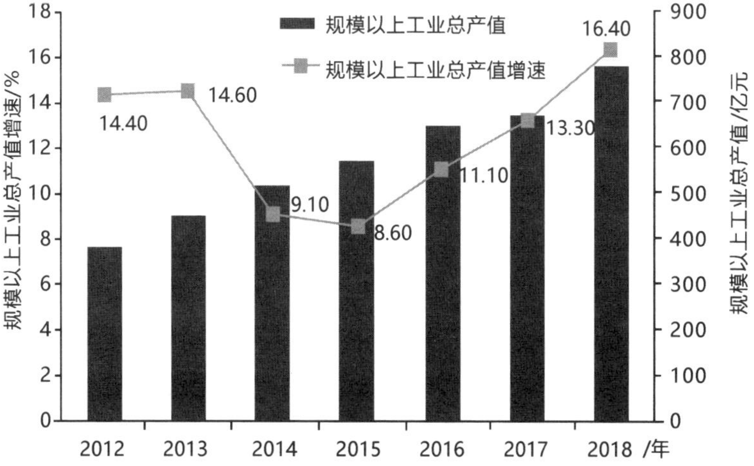

图4-6　金湾区规模以上工业总产值增速

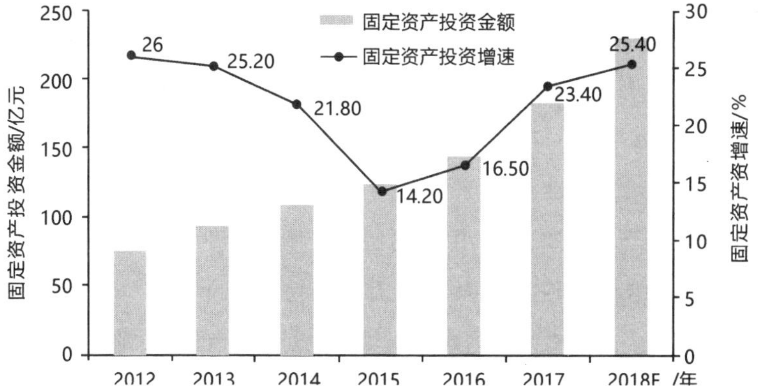

图4-7　金湾区固定资产投资增速

经济高质量发展离不开投资结构持续优化。例如金湾区基础设施建设和工业项目在固定资产投资上占比已超过九成，工业投资和政府投资均保持20%以上的增速，2018年金湾区有9家企业通过总部企业认定、22家企业通过实体经济奖励申请、18家企业获得项目落户奖励或增资扩产奖励、5家企业通过填土补贴，获得了政府相应资金扶持，投资项目建设效率显著提高。不过与此同时，金湾区的投资环境仍存在园区配套建设滞后、产业配套能力弱和工业用地匮乏的问题，影响着已落地项目动工建设周期和在建项目顺利投产。随着金湾区域经济的健康发展，其在产业结构布局上重点加强了对现代服务业的招商力度，引进建设了一批高级酒店、商业综合体、总部经济等第三产业，以提升自身的知名度及关注度，加快城市化进程，同时以延长产业链、提升价值链为重点，战略引进重点产业的上游研发机构和下游服务机构，提升产业的创新能力和市场竞争力。例如引进复旦大学研究院，这一举措预计将为金湾区带来超过700名高级人才，孵化出不少于100家创新型企业。随着金湾区新城市中心和产业园区域经济格局定位的确立，笔者建议应进一步完善物流产业布局，在支持园区经济、楼宇经济、总部经济的前提下于土地出让价格上予以适当优惠和支持，以吸引更多的企业来金湾区投资，继续做好园区孵化器和研究创新平台建设，吸引创新项目落户和培育产业人才，推进第三产业的崛起。珠海锦湖置业管理有限公司正在金湾区政府招商政策的推动下“以商引商”大力发展总部经济，共同营造良好的投资环境。

再谈谈粤港澳大湾区的房价问题，曾经有专家认为中国房价上涨是一种人口现象，人口流向对房价的影响较大，在中国城市化过程中，一、二线城市房价走强明显，三、四线城市房价走势较弱。城市人口膨胀增速差异决定了房价的最终走势，这也与城市间的产业升级和产业结构演进有关。总体来看，始于2015年的房价上涨，就是一个结构性的房地产牛市，珠三角地区房价涨幅较大，反映了购房者对房屋所在地的经济发展前景和公共服务提升的预期，就像买股票就是买未来一样，房价也是未来社会经济环境与福利的贴现值。如今，可以说随着港珠澳大桥的通车，粤港澳大湾区交通网络日臻完备，经济活力提升，人口聚集，大湾区城市外溢效应推动房地产产业健康发展。但也有专家认为房地产受政策影响最大，房市类似股市，是一种投机市场，需要随时保持清醒的头脑，不应轻易入市。这一说法也是对的，因为今后几年随着经济增速回落及外汇净流出，货币增速应该会缓慢回落。在全球的货币流动性趋紧的趋势下，中国也将面临利率上行的压力，此外还有去杠杆的供给侧结构性改革任务，故今后的货币环境对于楼市而言并不利。过去楼市能一直成为热钱的主要流入市场，与楼市的赚钱效应有关，因为土地受管制，故市场化的供需调节机制一直没有形成，从而造成了房价泡沫不断变大。但世界上没有只涨不跌的市场，房地产周期一般是18～25年，如果从2000年开始算起，这个周期的上行阶段也已走得差不多了。若楼市今后几年一直稳住不涨，则会使投资者产生抛售压力，因为既然是投资，就得追求预期回报率，那么楼市要维持价格平稳就难了。笔者认为目前对房价的不利因素主要是：第一，部分开发商存在流动性压力。房地产开发贷款占银行贷款余额的10%以上，银行表外业务清理所导致的资金链问题会危及持有房产群体的一致性行为，就像2015年6月股市大跌一样。在人口老龄化背景下，投资者将更倾向于持有金融类和养老类资产。此外，中国投资性购房比重过大，在房价租金比（每平方米的房价与每平方米的月租金之间的比值）不高的背景下，大家都在追求价差收益，这与股市的投资行为基本一致，差异仅在于投资周期的长短。第二，通胀看来是温和的，既然通胀压力不大，那么，货币政策收紧的概率就低了。只要利率不继续上行，对房价就不构成持续利空。况且持有房产也是应对通胀和本币贬值的保值手段，前提是资本不出现明显的外流，目前尚看不到导致短期房价下跌的因素。因此，预测房地产市场的盛衰，不能仅仅局限于判断土地供给政策、房地产去化率或房产税何时推出，而是应该像股市、债市一样，把楼市放在宏观经济的大系统、大周期里去看。目前来看投资楼市相较股市还存在明显优势，尤其是粤港澳大湾区的楼市，因为楼市除了投资或投机性需求外，还存在着刚需和改善性需求，所以胜过其他投资品种，中小投资者感受到“做股东不如做房东”，符合转型期中国经济特征。如果说，房价租金比相当于股市的市盈率，房价收入比类似于股市的市净率。现在中国主要城市的房价租金比大约为38.5倍，北京市、上海市、深圳市、广州市则超50倍，说明一、二线城市房价上升过快，导致市盈率快速上升。按照国际标准，房价租金比在16.7～25倍之间是房价的健康区间，这足以说明房市存在泡沫了。从房价收入比看，中国楼市也领先全球。随着二、三线城市人口不断集聚，住宅用地供给的稀缺性与股票供应的稀缺性有相同之处，但这些都是人为造成的。例如，珠海市工业用地数量在城市建设用地中占比过大，但这些工业用地所创造的产值不足珠海市工业总产值的20%。既然效率那么低下，那为何不把部分工业用地转为住宅用地呢？更何况随着经济增速下行，去产能还将延续，会有更多的工业用地出现闲置。中国目前房地产泡沫虽然已经非常明显，即楼市已经完成了从价格发现到价值实现的过程，但泡沫究竟大到什么地步，确实很难衡量，只能说中西部三、四线城市房地产库存高企，泡沫有点过大。而东部的一、二线城市房地产的库存已经大幅减少，泡沫化程度已大大减轻。如单纯从估值角度看，楼市的整体估值水平仍低于股市，因为尽管居民买房杠杆率增速有上升趋势，但居民房贷规模还不算大，加杠杆还有一定空间。2015年开始粤港澳大湾区楼市已呈现结构性牛市，即一线城市广州市、深圳市房价上涨，二、三线城市房价基本不动，2016年开始楼市上涨现象已传导至珠海市、佛山市等二线城市，如今会否继续向没有上涨的湛江市、肇庆市等三线城市传导呢？在这轮经济下行过程中珠三角楼市的最大基本面就是粤港澳大湾区规划落地和城市化进程的加快，城镇化已步入乡村振兴的发力期。随着未来利率下行和货币政策宽松的预期，购房保值增值的意愿会越来越明显，开发商也将更注重土地资源的稀缺性，加大对粤港澳大湾区的开发和投资力度。

随着我国经济平稳较快地发展，人民生活水平提高，对健康服务的需求正在成倍增长。世卫组织数据显示，中国人均健康支出不足美国的5%，和全球人均健康支出相比差距更大，仅为后者的1/5，因此，中国大健康产业发展潜力巨大。《“健康中国2030”规划纲要》明确到2020年，健康服务业总规模超8万亿元，2030年超16万亿元，健康产业将迎来前所未有的发展契机。马云都说了，下一个超越他的人肯定出现在大健康产业。事实证明，未来大健康产业所孕育的行业机会是显而易见的，错过大健康产业就是拒绝财富与健康！在“健康中国”战略背景下，大健康产业已经成为新常态下经济增长的重要引擎，大健康时代已全面来临。

近年来，政府对养老产业保持较大的支持力度，出台的政策在落地实施方面已更具备操作性。养老产业在享受政策红利的过程中已经进入发展的快车道。通过观察可以发现，2017年开始政府对养老产业的鼓励和支持方向主要体现在医养结合、养老支付体系建设、养老行业标准、智慧养老、居家和社区养老服务、产业融合发展等领域，为踊跃投身养老产业的各类投资者提供了积极推动力。目前广东省旅游业规划将粤港澳大湾区建设成世界级旅游、养老度假区，构建蓝色滨海度假旅游产业带和绿色生态养老休闲产业带，特色小镇、养老休闲等概念产业将迎来转折期的产业投资春天，其中存量资产转型投资是较为可行的方向。从粤港澳大湾区规划来看，存量资产转型养老产业政策尤为利好，可以转型养老的存量资产主要为工业用地、公益用地、烂尾楼盘、园林地域、存量酒店及度假村，不少投资开发商根据自有存量用地的特色属性，通过各种合作与开发方式，实践着存量资产盘活开发养老服务项目的轻资产运营模式新路径。例如，珠海锦湖置业管理有限公司正计划携手伊恩威科技股份有限公司在深度挖掘地产转性与重新利用的基础上，注重推动大健康和养老产业孵化的规划设计落地，体现园区产融、生态、环保、健康、休闲、体验等特点，同时确保项目容积率、绿化率、公共活动空间、户型设计以及用电、通风与采光等能满足游客保健、养老、修身的要求。园区整体环境优雅，交通便捷，更加注重医疗健康管理、文化娱乐及家政物业等软服务。且园区经营采取部分产权销售、租赁、自有经营和混合经营等不同方式，已将医疗、气候、生态、康复、休闲等多种元素融入大健康和养老产业，打造集养老居住、医疗配套、健康服务于一体的健康度假基地等综合开发项目，紧接着珠江锦湖置业管理有限公司还将在湛江市开发区继续打造以养老居住、医疗护理、休闲度假为主要功能的养老小镇。在战略转型养老健康地产服务后，公司以将继续致力于深耕养老健康产业，建设以养老服务运营、养老园区及大健康设施咨询策划服务运营和产业链综合业务为主营业务的控股型大健康产业平台，依托强大的股东、行业资源和专业团队，主要为客户提供大健康产业投融资、大健康养老园区基础设施的规划建设运营全程服务，以及大健康用品的研发销售和配置服务。同时，公司计划通过参与发起大健康产业基金，依托强大的资本优势和大健康产业链的纵深整合能力，重点为对大健康和养老产业有巨大参与意愿的政府部门、地产商、保险公司、健康保健和养老机构等提供专业优质服务，充分利用资本市场迅速获取优质产业资源，降低在业务转型过程中由于市场发展及市场竞争带来的风险，提升公司持续经营及盈利能力，以形成核心竞争力。进一步拓展利用人工智能技术发展便捷、高效的智能健康和养老服务，支持开发面向老年人的健康管理类智能可穿戴设备等。伴随着各类资本进入养老健康领域，医养结合、旅居养老、智慧养老等养老方式逐渐被市场接受，政策的推动力度逐年加大，新兴养老健康方式或在近几年迎来井喷式发展。与此同时，随着一大批保险企业、地产企业和综合性集团进入养老健康市场，养老健康产业开始产生品牌效应。凭借粤港澳大湾区得天独厚的区域优势，可以预见，养老健康产业将朝向上下游产业链深度融合的格局快速发展。

第六章

投资机构的成功之道——持续创新，穿越牛熊

自1986年第一家私募股权投资公司诞生以来，我国的私募股权经历了长足发展，截至2018年8月底，已登记为私募股权基金管理人和创业投资基金管理人的机构为2.42万家，规模达到12.8万亿元。在人口结构演变、消费升级、技术创新、产业结构调整等大趋势下，中国投资市场不断成熟与规范，投资范围涉及颠覆性技术、医疗健康、金融科技、消费零售、节能环保等热点领域，涵盖了GDP中占比较高的主要行业，存在可持续投资及较大影响力的投资机会。私募股权投资对经济增长具有重大价值，是实体经济转型升级的重要推动力。特别是当企业发展出现瓶颈时，那些获得私募股权投资的企业表现往往优于同类企业，原因是私募股权投资能够帮助企业在提高收入、提升效率和强化创新能力等三大维度上创造显著价值，也能够帮助新兴技术企业在引进人才、强化专业管理能力及实现规模化发展等方面更上一层楼。中国投资市场的制胜要素正从单一靠资源驱动向资源和能力双轮驱动的机构化转型，具备多资产类别的投资能力将成为领先私募股权基金的发展重点，投后管理与增值服务将替代金融工程，成为价值创造的核心。例如，笔者所在的上海淳金投资管理有限公司已在中国基金业协会备案登记，是国内领先的专注上市公司股权投资

的私募资产管理公司。公司热衷各类证券投资，计划通过扎根中国经济发展和社会变革，深入洞察，持续发现投资机会，积极构建共赢合作，为投资人和被投企业持续创造价值。上海淳金投资管理有限公司围绕上市公司需求，已积极开展定增投资、并购重组、二级市场投资和金融服务，投资领域覆盖A股、新三板股权及债券市场。公司团队拥有丰富的实战经验和理论基础，强调风险防控，倡导长期、稳健、理性的投资风格，通过建立科学的投资决策体系、严格的投资交易流程，不断完善风险收益评估方法，对管理的每一分财富做到尽职尽忠。同时公司还从事基金中的基金（FOF）、管理人中的管理人基金（MOM）投资管理，根据市场情况动态调整投资组合和产品组合，使客户资产在风险相对较低的情况下获取合理较高的投资回报。立足长三角、粤港澳大湾区建设，坚持以投资业绩为核心，深耕行业专业化，以挖掘自有项目为主，通过自建和并购提升多资产类别投资能力和建立“一站式”服务模式，紧紧围绕私募股权投资主业打造领先市场的王牌投资管理能力，向投行、结构化融资和财富管理延伸，为投资者创造持续价值。

我国正处于经济发展转折期，市场中存在一批私募股权基金管理人凭借对市场的敏锐嗅觉、成熟的投资理念、可靠的投资方法，摆脱市场震荡曲线，带领产品创造良好的收益。经常听到私募股权行业从业者感悟：这些年来，经过市场牛熊风雨的洗礼，私募股权已逐渐加深了价值投资者对基本面、对市场、对股票趋势和对公司价值的理解。私募股权基金要长期存活下来，除了要做好风控，更要了解自己，知道自己的风格和长处，这样会使自己变得更稳健，以规避风险，寻找企业投资价值。当然，提升对市场的研判能力也很重要，要多寻找企业价值增值带来的投资收益，而不是等着市场的风带来增值。

中国证券投资基金业协会数据显示，截至2018年8月底，私募股权基金、创业投资基金规模涨势较猛，总管理规模为8.31万亿元，成为私募基金规模增长的主力。特别当前我国经济处于转型和调整期，国有企业改革、传统产业的去产能、产业整合、消费升级等都将给投资者带来诸多机会，私募股权投资已成为经济转型期布局未来的最佳方式。在本轮股市周期中主流机构投资者已把目光更多地投向非公开市场，增加对持续成长动力的细分行业资产配置的比重，投资标的往往具有科技、产品、理念、人员等方面的优势，可以为投资者带来相对较高的投资回报率。私募股权基金的崛起，为投资者带来了新的投资路径，投资者可通过甄选优质的初创企业，分享其在业绩不断增长的过程中带来的丰厚回报。只有持续创新，才能穿越牛熊市场。

不过，对于个人投资者而言，由于受限于财经信息获取滞后、专业投资经验不足、时间精力有限等因素，无论是选择私募证券投资还是私募股权投资都应该甄选合适的投资机构进行专业化的投资管理，才能有效减少投资风险，获取收益。

第五部分

转折期的趋势之道

在虚浮不定的股票市场上，迷恋市场、埋头追逐市场细微波动的人，永远不可能懂得市场的真谛，即便撞大运式地获得一时的“纸上富贵”，最终也会还给市场。趋势交易是现代经济学的自然选择，积极的投资策略可以帮助投资者随着环境的变化动态地改变自己的投资方式，让投资者总能拥有机会。当地面上的蚂蚁面对一堆熊熊烈火心生恐惧时，天空上的飞鸟看到的却不过是一根即将熄灭的火柴所发出的微弱火光。投资大师彼得·林奇说：“每当我对现状感到怀疑和沮丧时，我就把注意力放到更大的大局上。”的确，投资就是要通过比较未来趋势与常规需求趋势才能找到中短周期波动交易趋势，认识长期趋势。事实上，2018年的投资趋势完全可以根据紧缩的信贷、股市和房市的回归，作出清除长期资产，持有现金的个人财富规划。

对于股票趋势，可通过趋势线的形式予以标示和认定并加以分析。趋势线是分析价格趋势及其变化的最有效的工具之一，正确地绘出上升趋势线和下跌趋势线以及横盘趋势线，有助于交易者对行情的变化和趋势拐点的出现提前作出预判。趋势依据不同的标准可大致分为以下几种：长期趋势（主要趋势）、中期趋势（次要趋势）、短期趋势；上升趋势、下跌趋势、横盘趋势。长期趋势线代表的是多空双方长期以来的攻守搏杀，而中期趋势线代表的是多空双方的一种较为灵活的、局部的战斗。熊市运行到末期，尤其是长达数年的下跌趋势接近尾声时，这时是交易者最难熬的时候。有些人坚持了数年的时间，却在熊市末期的最后一跌中，丧失了持股的信心，仓皇出局，把自己血淋淋的筹码扔在了地板价上。有些人承受住了熊市的最后一跌，却在牛市初期恢复性的上涨中过早选择了出局，从而丧失了挽回亏损、收获盈利的重大机遇。原因在于：交易者深恐不逢高出局的话，会在接下来的下跌途中遭遇更大的损失。换句话说，交易者仍旧沉浸在熊市的思维中，且难以自拔。当你根据熊市末期的特点判断出长达数年的下跌趋势接近尾声时，被深套的人可以放弃看盘，用“死猪不怕开水烫”的俗语来鼓励自己，力戒在这个阶段割肉，除非你发现了更好的目标。反被浅套或空仓的交易者，要多做功课、少做交易。

在熊市末期空仓或者轻仓的交易者的主要任务就是选择出未来会上涨的牛股，可以结合国家政策支持、朝阳产业、低估值、高增长等方面进行选择。选择出目标个股后，并不一定要马上介入，这个时候还需要等待适宜的介入点。过早地介入目标股，在熊市尚未完全结束的背景下，一旦出现较大幅度的下跌，对心态脆弱的交易者来说也是一种打击，个别人会因此反复在底部区域买进、卖出，既影响了持股心态，又可能会造成较大的亏损。这时采取锁仓的策略，也不失为一种理想的交易方式。

（1）被动锁仓。在熊市的末期阶段，如果所持有的股票被套，但该股票的基本面优良，具备较高的投资价值，那么就应该锁定仓位，静观其变。

（2）主动锁仓。在熊市的后期，虽然市场没有出现大幅度的上涨行情，而且股指仍有可能继续下跌，但是随着股票投资价值的逐渐显露，整体的投资风险已经较为有限。交易者选择资质优良的股票逢低买入，虽然知道之后如果出现继续下跌将会被套，但从大局、长远上考虑，不必过于在意一时得失，这是在正确判断行情运行趋势基础上的一种策略性主动买入提前建仓行为。

主动锁仓的前提条件是：市场处于长期大幅下跌的熊市末期，大部分个股都已经显露出估值的优势，却无人问津；技术面上大盘指数或个股虽然仍有可能出现下跌，但无论是成交量还是人气指标都已经低迷到了极点；政策面上的利好消息频出，可市场似乎毫不理会。这时候交易者应采取分批建仓的方式，逐步化解市场趋势的不确定性，同时也使自己的建仓成本尽可能地降低。分批建仓在操作上会显得灵活主动得多。当市场正处于急速下跌趋势时，交易者应少安毋躁，静候最佳买入机会的来临，不可急于入场，持仓成本越低越好。主动锁仓是一种中长线投资的策略性的建仓方法，这一方法更多地强调的是资金中长期的安全性与中长期收益。在选择目标上，从基本面分析入手，主要选择低估值、高增长等具备长线投资价值的个股。主动锁仓作为一种策略性的投资行为，需要交易者具备较佳的大局观、良好的心态以及对市场清醒的认识、准确的判断能力。总之，主动锁仓体现的是一种交易智慧；一种闲庭信步、从容不迫的交易态度。

交易者如果恐惧不安、犹豫不定，往往会使自己忽视了熊市终结的信号，甚至是不敢相信不堪回首的熊市已经成为过去。一些人在熊市结束、牛市初启之际，在底部区域割肉出局，当看到指数和个股不跌反涨，反而更增焦虑。随着牛市日益成型，这些交易者才会逐渐从交易恐惧中走出来，但是熊市的阴影仍在，他们一般只敢轻仓进行短线交易，所以在牛市的初、中期很难获得较大的盈利；当牛市中、后期热火朝天的市场气氛最终消除了这批交易者的恐惧时，随之而来的贪婪会促使他们疯狂地在牛市后期追涨杀跌……

第一章

趋势之道——均线

经济周期分为四个阶段：扩张、繁荣、衰退和复苏。与之类似股票也可以分为四个阶段：

蓄势：股票在经过一个时期的下跌之后就进入了蓄势阶段。这是价格波动范围收窄，买方尽力控制趋势，移动平均线互相穿行交织的过程，股价贴近5日指数平均线持续10天以上，持续的时间越长，未来拉升的力度就会越大。当成交量出现缩量，股价却出现阳线上涨时，往往就是行情的启动点。

抬升：一旦买方控制盘面，高低点位置更高的形态确立之后，市场也进入了上涨抬升阶段，交易者开始积极地做多。一旦向下跳空缺口达到5%时，就会认定这一轮趋势已经中断。

派发：当市场消耗了大多数买盘之后，卖盘开始变得更加活跃，市场也随之中立。在长期移动平均线仍然在上扬时，短期移动平均线下穿中期移动平均线的形态明确地显现振幅逐渐收窄，通过趋势获利的机会愈来愈渺茫。现金在手，多看少动！长期移动均线从走平至下行，会伴随着放量并考验市场的支撑力度。

下跌：价格开始加速下行，市场进入熊市。反弹通常是弱势、缩量的，很快就会失败，更多的买方在不断地寻找底部。当下跌接近尾声时，常常会见到更为强劲的空头回购反弹发生，而真正的长线多头仍在吸筹。

在实践中，获利并不是靠预测顶部和底部，而是需要在某个价位参与到一个正在进行的趋势中去，使得在获利的同时能够实现风险的最小化，寻找支撑位或者阻力位被有效突破的建仓良机。因股票常常会在重要的价位遇到支撑或阻力，例如价格跳空缺口、关键的移动平均线处、反转发生位置、黄金分割位、前期成交密集区及其他技术指标。当支撑或阻力位被考验的次数越多，就越有可能被突破，显示买方的攻势变得越来越积极主动。突破趋势线有时确实能传递出趋势结束的信号，然而并不能确保反转一定会发生。如熊市末期第一波拉升突破重要的下降趋势线或颈线位而回调点出现在前期黄金分割高低点附近，或出现清晰的ABC浪，在B浪修正无量下跌或缩量上涨时，将是较好的买点。在第二次上涨见顶之后往往还会出现C浪阴跌回落，第二次回落才是最佳买点（见图5-1）。趋势方向的改变还需量能的支持，当量能无法确认价格走势有效时，这常常意味着势头的减缓甚至反转即将到来，也许也意味着趋势方向的改变。当均线系统呈现出短期移动平均线>中期移动平均线>长期移动平均线的多头排列时，一个健康的上升趋势就形成了，此时需在上扬的短、中期移动平均线附近找到支撑的介入点。只要坚信长期移动平均线仍处于上扬之中，市场就依然倾向于多头买方一侧。美国投资专家葛南维创造的均线买卖法则（见表5-1）可谓是均线理论其中的精华，历来的均线使用者无不视其为均线分析中的至宝。均线买卖法则中有4条用来研判买进时机，4条用来研判卖出时机。总的来说，移动平均线在价格之下，又呈上升趋势时是买进时机；反之，移动

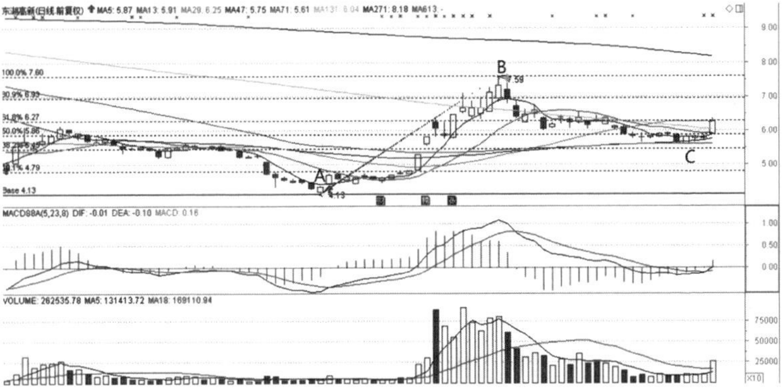

图5-1　东湖高新ABC波浪趋势

平均线在价格线之上，又呈下降趋势时则是卖出时机。

表5-1　葛南维均线买卖法则

序号	买入法则	卖出法则
1	移动平均线从下降逐渐走平且略向上方抬头，而价格从移动平均线下方向上方突破，为买进信号	移动平均线从上升逐渐走平，而价格从移动平均线上方向下跌破移动平均线时说明卖压渐重，应卖出所持股票
2	价格位于移动平均线之上运行，回档时未跌破移动平均线后又再度上升时为买进时机	价格位于移动平均线下运行，反弹时未突破移动平均线，且移动平均线跌势减缓，趋于水平后又出现下跌趋势，此时为卖出时机
3	价格位于移动平均线之上运行，回档时跌破移动平均线，但短期内移动平均线继续呈上升趋势，此时为买进时机	价格反弹后在移动平均线上方徘徊，而移动平均线却继续下跌，宜卖出所持股票
4	价格位于移动平均线下运行，连续数日大跌，离移动平均线愈来愈远，表明反弹指日可待，此时为买进时机	价格位于移动平均线之上运行，连续数日大涨，离移动平均线愈来愈远，随时都会产生获利回吐的卖压，应暂时卖出持股

总结常用均线体系技术形态按照买卖法则对应关系进行划分（见表5-2），K线图均线体系技术形态强调了价格线对均线的突破，以技术分析的视角来解读转折期均线形态趋势特征，验证表明表中死亡交叉、银山谷、金山谷、蛟龙出海形态适合中线信号的指示意义较强，其中银山谷形态信号指示意义最强，适合激进交易者操作；而上山爬坡型、加速下跌型形态对价格线短期的背离后再次回归原趋势的信号变化强烈，适宜对中小盘进行操作。笔者要特别强调，在熊市末期转折处加速下跌型形态既强调了价格线对均线的回穿信号发生后价格线再次回归原趋势的反转信号，又对中、长期均线参数反转的持续确认一致性表现较佳（见图5-2）。

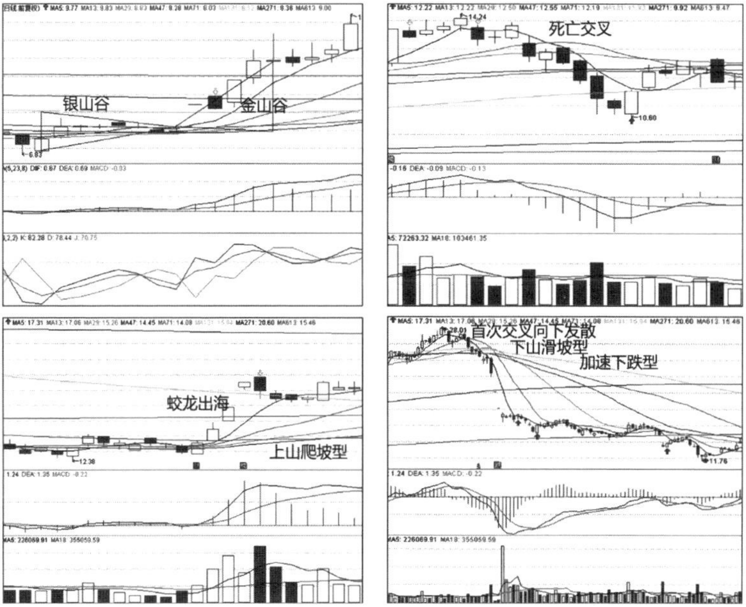

图5-2　K线图均线体系技术形态

表5-2　K线图均线体系技术形态

均线形态	形态特征	形态含义
死亡交叉	1. 出现在下跌初期 2. 短期均线下穿长期均线	股价大幅上涨后，见顶信号，后市看跌，出现该信号可积极做空，两线交叉的角度越大，下跌信号越强烈
银山谷	1. 出现在上涨初期 2. 由均线先后交叉组成，形成一个尖头向上的不规则三角形	见底信号，后市看涨，银山谷看涨指示意义相对较弱，以此为买点相对激进
金山谷	1. 出现在银山谷之后 2. 金山谷不规则三角形构成方式和银山谷不规则三角形构成方式相同 3. 金山谷既可处于银山谷附近的位置，也可高于银山谷	买进信号，后市看涨，金山谷看涨指示意义强于银山谷，以此为买点相对稳健
蛟龙出海	1. 出现在下跌后期或盘整期 2. 一根大阳线同时上穿短、中、长期均线，收盘价在这几根均线之上	反转信号，后市看涨，阳线实体越长，信号越可靠，一般需得到大成交量的支持，如成交量没有同步放大，其可信度就较差
上山爬坡型	1. 出现在涨势中 2. 短、中、长期均线基本上沿着一定的坡度往上移动	做多信号，后市看涨，坡度越小，上升时间越长，往后上涨力度越强
下山滑坡型	1. 出现在跌势中 2. 短、中、长期均线基本上沿着一定的坡度往下移动	做空信号，后市看跌，信号出现后，后市走势较为低迷，宜退出观望
首次交叉向下发散	1. 出现在涨势后期 2. 短、中、长期均线从向上发散状逐渐收敛后再向下发散	卖出信号，后市看跌，一旦形成向下发散，常会出现较大的跌势

（续表）

均线形态	形态特征	形态含义
加速下跌型	1. 出现在下跌后期 2. 加速下跌前，均线系统呈缓慢或匀速下跌状态 3. 在加速下跌时，短期均线与中、长期均线距离越拉越大	见底信号，后市看涨，股价或指数下跌幅度越大，信号越可靠

对股票投资者而言，财富的积累来自投资一只处于长期趋势运行之中且短线走势迎合了其长期趋势的股票。道氏理论的基础之一是提出了股价主要趋势、中级趋势和次要趋势，并从中了解主流资金的动向和最小阻力路径。波段交易者应该使用日线图来寻找交易机会，学会30分钟的短线交易技巧，一旦选定了一只股票作为可操作的交易目标，操盘计划的下一步就是确定风险收益比，判断是否存在足够的盈利空间来为进场交易做辩护，即确定支撑和阻力位置来帮助你确定在何处设立止损位和股价可预期的上涨空间。而分析短线时间周期（30分钟）上的趋势可使你的介入点更为精准，一般需确定在30分钟线上完成整个短线周期下跌过程之后再考虑买入做多，而不是试图分批建仓或者拉低均价，最终降低你的进场风险。在续持牛股、斩断熊股上做得更好，这是所有市场参与者共同的目标。

第二章

趋势之道——换手率

在转折的熊市末期时，市场间量价关系往往体现如下特征：①量增价平，说明有资金悄然在底部区域收集筹码，股价波动很小。甚至有些主力会在吸筹尾声制造最后一跌，呈现出量增价跌的特点。交易者操作原则应该以观望的态度为主，若股价的跌幅已经很大，则决不可从众杀跌，应静待趋势的变化，有望形成底部或带来强势反弹。如果出现具有可持续性的量增价涨的态势，那么，交易者应该审视大趋势转变的一些特征是否已经出现，然后作出相应的交易策略调整。②量缩价平，常规情况下市场在酝酿着最后一跌，让恐慌盘尽情出逃。最后量缩价跌意味着底部低点的临近。③量缩价涨，需要交易者跟踪观察，若在股价反弹过程中遭遇大盘指数的回调整理，但股价依然表现坚挺、抗跌，随着调整结束，如果成交量出现明显放大，则个股可能出现趋势上的反转或强势反弹。④量平价平，如果之前并未出现暴跌和急跌，那么进入最后量平价跌的概率较大。如果是暴跌，则意味着机会即将来临。根据这些特点笔者选择了斐波那契黄金分割系列工具分析研究资金进出市场的情况，识别市场波动周期和买卖信号，制定日内支撑位和阻力位的买卖策略及止盈止损位风险控制措施。

将换手率与股价走势相结合，可以对未来的股价作出一定的预测和判断。某只股票的换手率突然上升，成交量放大，可能意味着有投资者在大量买进，股价可能会随之上扬。如果某只股票持续上涨了一段时间后，换手率又迅速上升，则可能意味着一些获利者要套现，股价可能会下跌。原因在于换手率较高的股票，往往也是短线资金追逐的对象，这类股票投机性较强，股价起伏较大，风险也相对较大。在转折期底部放量的股票，其换手率高，表明新资金介入的迹象较为明显，未来的上涨空间相对较大，越是底部换手充分，上行中的抛压越轻。此外，2019年市场的特点是局部反弹行情，换手率高的股票有望成为强势股，强势股就代表了市场的热点，因而有必要加以重点关注（见表5-3）。一般情况，行情初始阶段某只股票连续3天以上换手率大得吓人，都是一天10%以上，股价连连狂升，表明该股一定是本轮行情的领涨股之一，需要密切关注跟进。而当股价上涨了一段时间后换手率开始增加，看起来好像在换手洗盘，其结果通常都是给投资者下套。换手率超过15%（刚上市不久的股票除外）通常表明主力在盘中开始派发筹码。短期看，在转折期熊市末期，如果在下跌趋势中股价低位换手率非常高，并不意味着市场主力在吸货，反而有可能是主力继续派发筹码的最后一跌，经过一段时间换手率较低的时间换空间收集筹码后，走出一波长阳行情。因此，换手率只能说是判断走势的一个指标而已，绝不是万能灵药。事实说明，在行情发动阶段，只有平均换手率超过10%，股价才能不断上扬。选择一段时间内换手率较高并有增加趋势且市场普遍看好的股票，往往能降低系统风险，提高资金回报（见图5-3）。这就是投资的趋势之道。

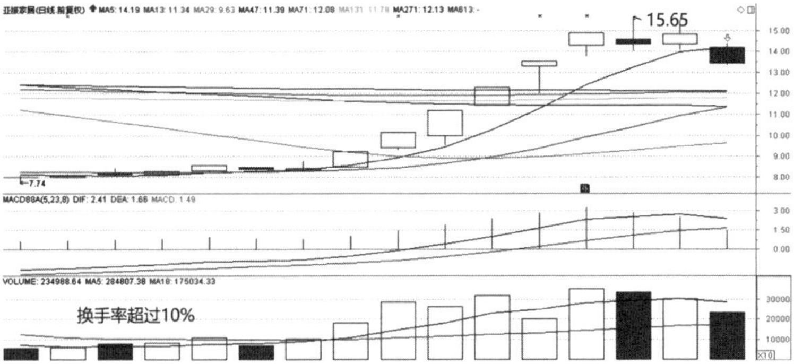

图5-3 换手率与股价趋势

表5-3 换手率与主力动向

换手率/%	人气度	主力动向	关注趋势	操作动向
1～2	人气低迷	主力一路吃货，无抛压	后市涨幅较大	值得关注
2～3	人气关注	上涨趋势回调介入	上涨主趋势	高抛低吸
3～7	相对活跃	主力在位，伺机而动	上涨主趋势	与庄共舞
7～10	人气活跃	主力建仓	同比量价齐升，上涨趋势	高度关注，先量后价，低点吸纳；先价后量，高点抛出
10～15	人气高涨	主力换手建仓或出局	盘整	低位上涨趋势，介入，下跌趋势则应卖出
15～30	黑马群起	二板后换手	趋势不确定	锁仓率低，趋势操作
30～50	筹码凌乱	主力对决	趋势不确定	K线趋势判断，谨慎操作
超过50	死亡换手	出局已定	头部形态	谨慎操作，准备出局

下面为大家介绍看龙虎榜尾盘选股秘籍：

尾盘异动股选股方法，是安全系数比较高的换手率选股方法。一般选择前期换手率较大的尾盘异动游资概念股，在K线组合上往往表现为阴阳交替、量能换手较为稳定的个股，如果选得合适的话，第二天一般获利3%～5%，短线交易周可累计获利10%的高收益，如若技术调整买入价合理，有望迎来阶段反弹（见图5-4）。其投资秘籍有：

第一，买入时间选择在下午2点30分之后，通常在下午3点45分开始，一般不提早。

第二，观察最近一两周内龙虎榜成交席位的变化，挑选强势席位买入与卖出金额相差0.5倍以上的个股作为备选名单。

第三，选择强势上涨个股，近期最好是拉出过涨停板（上龙虎榜的备选个股更佳）。

第四，精选流通市值为10亿~50亿元，盘中换手率在3%左右的个股（一般流通盘越小换手率越高，反之越低）。

第五，找到相对应涨幅在3%~5%的个股，看涨速趋势变化。

第六，与前一天量能比较适当放量，但不是太大。

第七，配合K线形态，能够突破平台极佳（打破趋势高点或实现横盘突破）。

关注全天交易时段盘口特点，掌握操作要领（见表5-4），重点选择尾盘异动股交易，一旦交易成功一般选择在第二天出局，最多等到第三天盈利或止损出局，以减少投资风险，与庄家、游资共舞。

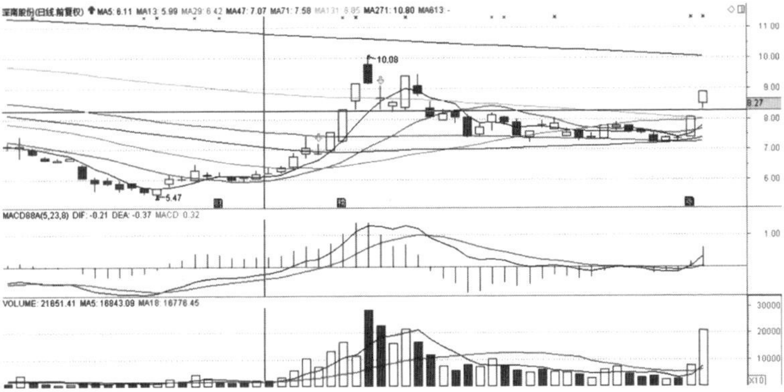

图5-4　换手率与游资炒作特征

表5-4　全天交易时段盘口特点及操作要领

交易时间	盘口特点	操作要领
9：20～9：30	主力挂单盘口语言	短线关注量比
9：30～9：45	洗盘、震盘、拉高	抓涨停龙头
9：45～10：20	拉高前一交易日热点	高抛效果好，离场
10：20～10：40	拉高平复，回归平均水准	后市看多，10：40后介入
11：10～11：30	拉高诱多下午行情	不跟风
13：00～14：00	消化前市消息	寻找攻击对象
14：00～14：30	酝酿个股或盘口转势	休息，不参与操作
14：30～15：00	游资主力突袭个股	突击尾盘异动股

第三章

趋势之道——KDJ

随机指标KDJ主要是利用价格波动的真实波幅来反映价格走势的强弱和超买及超卖现象，在价格尚未上升或下降之前发出买卖信号的一种技术工具。KDJ（9，3，3）①的取值范围是0~100，可将其划分为70以上超买区和30以下超卖区，其余为徘徊区。当K线向上突破D线时，金叉为买进信号；而当K线向下跌破D线时，死叉为卖出信号。在KDJ指标与股价出现背离时，一般为转势信号，预示中期或短期的走势有可能已见顶或见底。在周期的选择上，小时级别（60分钟）为运用KDJ指标的最佳周期，比15分钟图和日线图更具有优势。当K线连线与KD两波峰连线为反趋势时，视为产生顶背离，应果断出局，回避市场下跌。而当K线连线与KD两波谷连线为反趋势时，视为产生底背离，应果断入场抢反弹，后市趋势上涨。由于KDJ指标比较敏感，高位钝化和低位钝化经常会出现，按照KDJ指标进行操作，时常会出现买早或卖早的情况。这个时候可以运用形态分析技术来分析KDJ指标画出的曲线，最常用的有M头W底、头肩顶底、三重顶底等形态，以及数浪法和趋势线法。例如，找准K线走势的趋势线时，然后再结合KDJ指标使用。

① KDJ（9，3，3）：指在9个观察周期内确定以收盘价与最高价或最低价价参权重参数3或3的随机指标。

当K线走势未破趋势线时，不考虑买卖信号，可以直接忽视；当K线走势突破趋势线时，如果在突破位置前后，KDJ指标出现买卖信号，这个时候应坚决执行对应操作。中国联通60分钟KDJ指标技术走势如图5-5所示。一般情况下，KDJ日、周、月线组合运用可预测短中期趋势方向，是较为可靠的操作趋势信号，具体KDJ指标在日、周、月线组合运用可见表5-5。

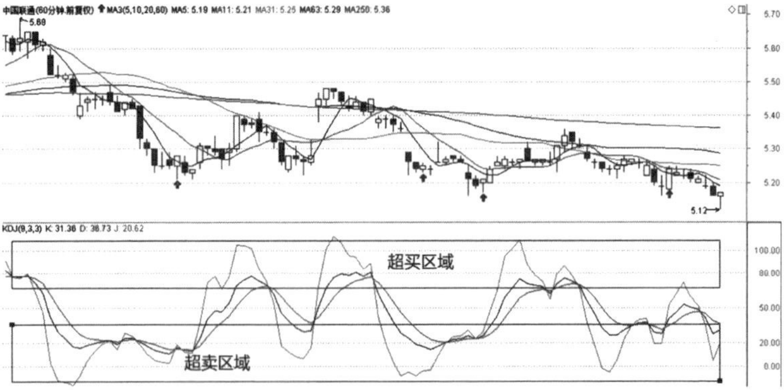

图5-5　中国联通60分钟KDJ指标技术走势

表5-5　KDJ指标在日、周、月线组合运用

KDJ日线	KDJ周线	KDJ月线	操作方向
金叉	金叉	金叉	买入
金叉	J值高位运行	J值高位运行	不宜介入
金叉	方向向上	方向向下	反弹趋势
金叉	方向向下	方向向上	洗盘，周线反转
J值高位运行	J值高位运行	J值高位运行	风险较高，不介入
J值高位运行	J值低位运行	J值低位运行	短线回调后介入

KDJ是一种超前指标，在运用上多以短线操作为主，MACD是移动平均线，是市场平均成本的离差值，一般反映中线的整体趋势。MACD（5，23，8）①在0轴上方出现第一个金叉，且红柱放大，是短线强烈买入的有效信号，而在0轴下方出现时的信号较次。相反，0轴上方出现死叉应卖出大半，0轴下方出现第一个死叉则需立刻离场观望。把KDJ（9，3，3）和MACD（5，23，8）进行综合运用，可以更为准确地把握住KDJ指标短线买入与卖出的信号，同时由于MACD的特性所反映的中线趋势，利用KDJ指标和MACD将可以判定股价的中、短期波动，进而规避KDJ指标的骗线情况，如图5-6所示。同时，KDJ也可结合BOLL线（支撑压力类指标）反映股价中期运行趋势，适用于判断股价到底是短期见顶或见底，还是进入了中期上涨（下跌）的趋势。当MACD保持原有方向时，KDJ指标在超买或超卖状态下，股价仍将按照已定的趋势运行，这时是短期调整，趋势方向不变，可以博取短差，等待金叉出现后再次入场；当BOLL线开口有序放大，股价走势在中轨之上，但依然在上轨压制之中，KDJ的卖出指标可以忽视，只有当股价走势严重脱离上轨或被下轨压制，且KDJ指标发出买卖信号，这时才是正确买卖的时机；当BOLL线开口开始快速收缩，出现方向反转的时候，如果KDJ指标出现买卖信号，这也是买卖时机，见图5-7。对长期趋势而言，KDJ月线重于周线重于日线，级别越大准确度越高。而顺势指标CCI指标主要用于控制风险，其值超过200且拐头向下时，需要及时卖出。另外对超跌短线补仓操作分析也较有用，如

---

① MACD（5，23，8）：指以短周期5与长周期23收盘价均线价差的8周期观测值的平滑异动移动平均线。

在KDJ指标中的J值为负数、CCI值在-100内时，当J线和CCI线从负值拐头向上，此时才是切入的最好时机，如图5-6所示。

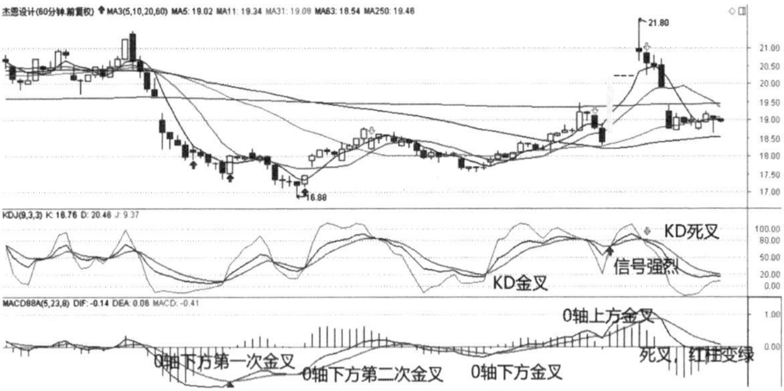

图5-6　KDJ指标和MACD综合应用

KDJ指标在计算中考虑了计算周期内的最高价、最低价，兼顾了股价波动中的随机振幅，充分反映了市场上买卖双方力量对比，比较适用于短线操作，其特点是能够比较迅速、直观地判断行情，应设置止损位，做好失败的准备，不过不适用于基本面发

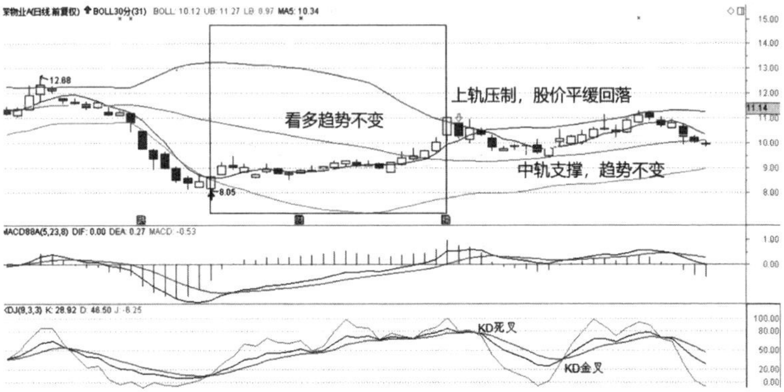

图5-7　KDJ指标与BOLL线综合应用

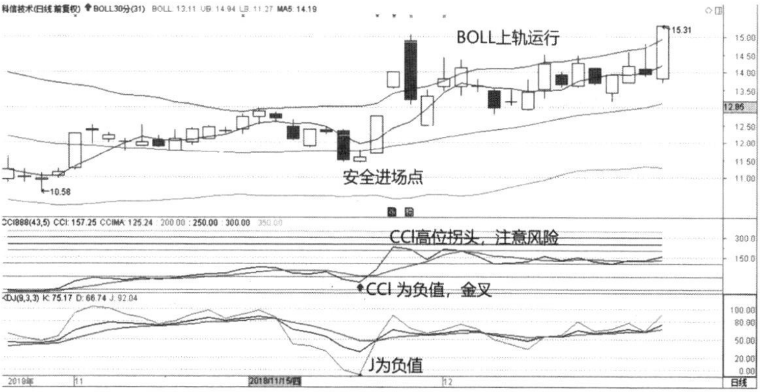

图5-8　KDJ线与CCI线组合应用控制风险，选择补仓进场点

生巨变、极度恶化的个股。

一、 KDJ回档60周线J线拐头买入法

周K线图上，K线回档到60周线后，股价开始出现止跌回升的现象，J线拐头向上，若出现阳线，此时就是买入信号，投资者可以大胆买进，后期会有大幅度上涨行情出现（见图5-9）。

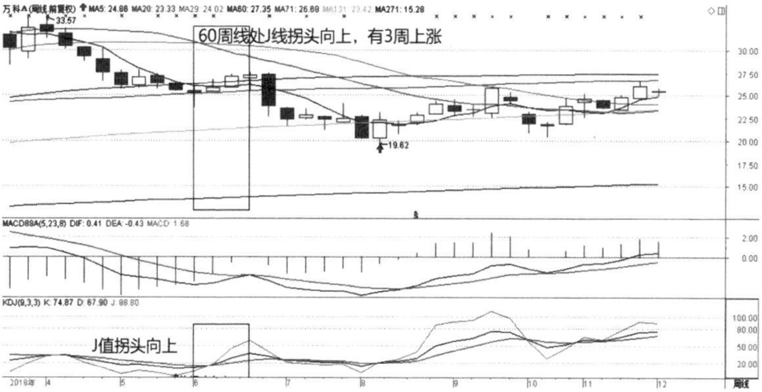

图5-9　60周线处J线拐头向上，大胆买入

二、KDJ底背离买卖法

K线图上的股票走势一峰比一峰低，股价在向下跌，而KDJ指标画出的曲线的走势在低位一底比一底高，出现底背离现象。底背离现象一般是股价将低位反转的信号，表明股价在中、短期内即将上涨，是买入的信号。一般情况下，当股价在低位时，KDJ指标在KDJ指标中轴50线以下出现底背离，要反复出现几次底背离才能确认信号。而当股价在高位时，KDJ指标在80线以上出现顶背离，股价即将反转向下，投资者可以及时卖出股票，如图5-10所示。

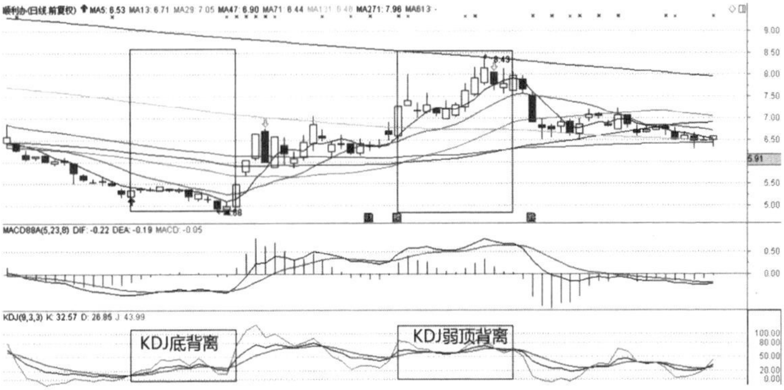

图5-10　底背离与顶背离

三、D线跌破20线，为买入信号

如图5-11所示，当KDJ指标中的D线跌破20线时，说明市场进入了超卖状态，股价继续下跌的空间已经较小。如果MACD线出现转势信号。在低位走平或表示差离值的DIF线出现金叉MACD线时，表明空方能量耗尽，多方能量开始聚集，下跌空间将被封闭，行情将扭转跌势，这是看涨买入的信号，一旦多方力量复

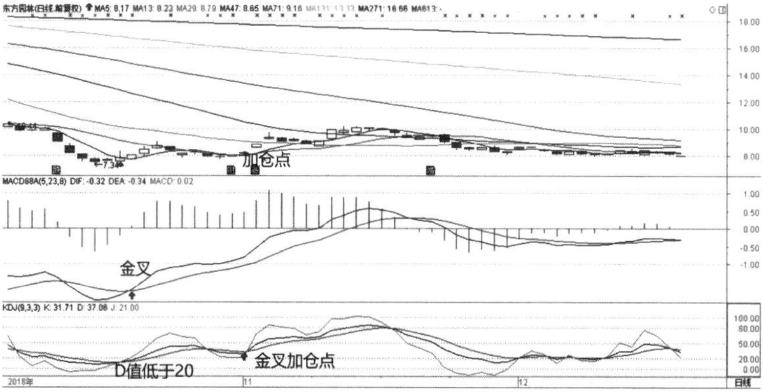

图5-11　KDJ中利用D线判断入场点

苏，股价有望持续拉升，这时可适当买入一部分股票。当D线重新突破20线后继续上涨时，可以再次加仓，如图5-11所示。有时K线、D线双双低于10线，这时一般说明股价已经跌过头，空头已是强弩之末。如果KDJ指标走势出现W底或三重底等底部反转形态，意味着股价由弱势转为强势，后市可能大涨，此时为买入信号，可逢低吸纳股票。如果K线走势出现同样形态，涨幅也可以用W底或三重底形态理论来研判，可逢低大量吸纳股票，如图5-12所示。

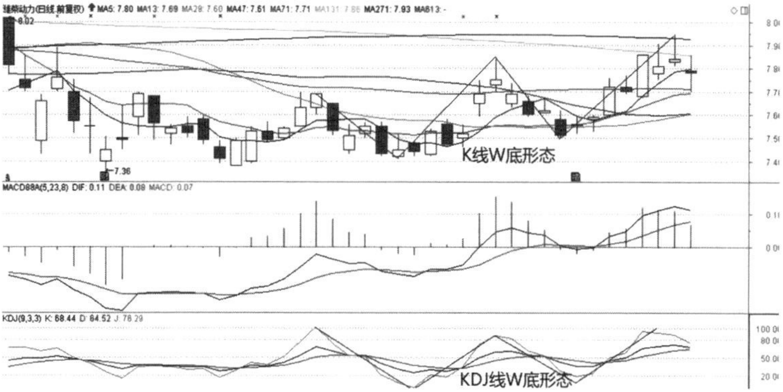

图5-12　K线与KDJ线出现一致的W底形态

四、60分钟K线BOLL+KDJ切入买卖法

60分钟K线的实体部分切入BOLL线的下轨，KDJ的J线在0轴下方，越低越好，在出现J线拐头时买入。在股价运行到BOLL线上轨，上下轨同时开口向上时继续持有，一旦上下轨开口收敛便卖出。60分钟KDJ低位与高位的转换，一般为8~12小时。可以在J线底部钝化，等待低位金叉的时候买入，上涨8~12小时，当高位钝化后出现死叉，此时为最佳卖出时机，如图5-13所示。

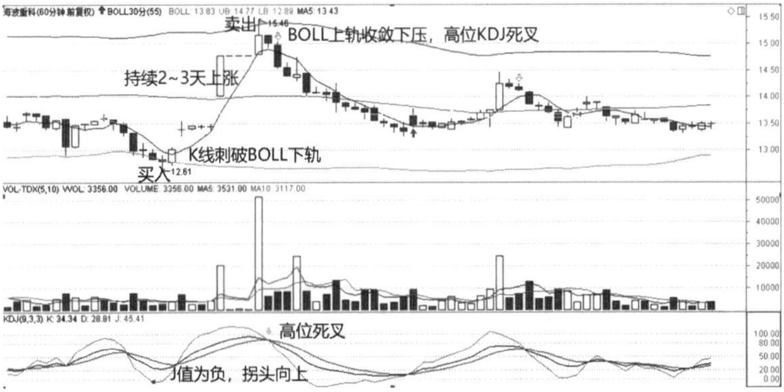

图5-13　60分钟K线BOLL+KDJ买卖法

KDJ是一项重要的短线技术指标，是投资者进行短线投机操作的重要利器。而MACD是利用短期移动平均线和长期移动平均线之间的聚合与分离的征兆功能，来研判股市的未来变化趋势，以确定股票的最佳买卖时机的技术指标，它可以提供清楚的短期或中期趋势信号。将KDJ指标与MACD组合起来使用，既可以过滤KDJ过于频繁的超买超卖信号，使发出的信号更具准确性，又可以捕捉到被MACD忽略的买卖信号，不放弃短线买卖机会，如当60分钟线上MACD形成金叉，出现较为明显的放量阳线柱体时，可及时介

入。其最大的优点是可以取长补短，起到意想不到的应用效果，真可谓是股市“鸳鸯配”。在操作方法上，先注意KDJ发出的信号，然后参考MACD是否支持这种信号。如果得到MACD的支持，则准确性较高，投资者可以大胆进行操作，直到MACD信号的完结，或MA形成有效交叉。此组信号既可以判断底部，又可以预测顶部，效果均佳。结合图5-14可体会到MACD+KDJ短线60分钟实战应用的重要性。

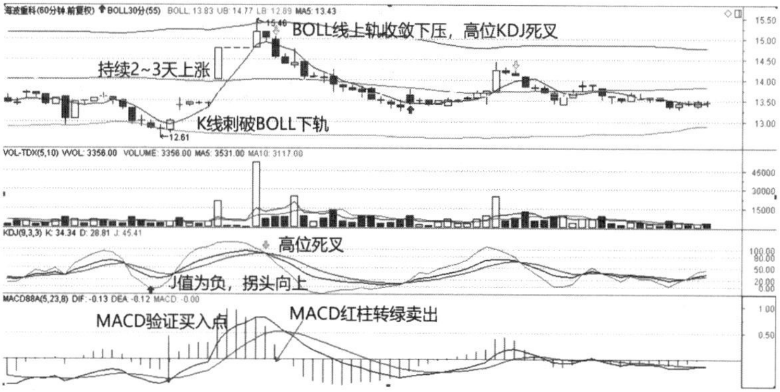

图5-14 MACD+KDJ验证60分钟买卖点可靠性

第四章

趋势之道——形态

趋势概念是技术分析的核心。以技术分析手段研究价格图表的全部意义，就是要在一个趋势发生、发展的早期，及时准确地把它揭示出来，从而达到顺着趋势交易的目的。在技术分析派看来，坚定不移地顺应一个既成趋势，直至有反向的征兆为止，这是获得超额收益的法门。实际操作中，技术分析者对趋势抑或拐点的寻找往往演化成各种常用的形态。

道氏理论有三个核心思想，即三重运动原理、相互验证原则和投机原理。三重运动原理是道氏理论的核心，其认为市场大级别的基本运动规律能够为投资者所把握，而单次运动带有一定的欺骗性，小级别日常波动则具有很强的随机性，不能为投资者所把握。该原理告诉我们市场主趋势是可以被预测的，但具体运动轨迹又是测不准的，只能通过蜡烛图形态等方式来验证正确的市场走势，这也说明了道氏理论的投机原理是建立在形态预测为基础的理论，具有非市场属性。如表5-6所示的熊市末期转折处各类技术形态表征信号构成了道氏波浪理论的趋势转折特征，是一种形态趋势论。

表5-6　熊市末期转折处买卖各类技术形态表征信号

形态简称	形态特征	形态含义
看涨吞没 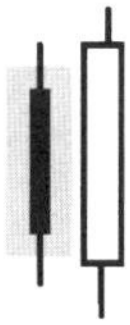	1. 出现在下跌趋势中 2. 前一根K线为十字星线或阴线，后一根K线为阳线，且阳线实体覆盖十字星线或阴线实体	看涨吞没形态的出现预示着下跌结束，上涨开始
乌云盖顶 	1. 一般出现在上升趋势之后，也可能出现在水平调整区间的顶部 2. 一根实体阳线之后出现的实体阴线，阴线开盘价高于前一天的最高价，收盘价收于前一天的阳线实体中或下穿阳线实体的一半	乌云盖顶功莫大焉出现后上涨趋势结束
刺透 	1. 出现在下跌趋势中 2. 一根实体阴线之后出现了实体阳线，阳线开盘价低于前一天的最低价，收盘价收于前一天阴线实体的中点之上	刺透形态出现后，市场结束下跌趋势
十字启明星 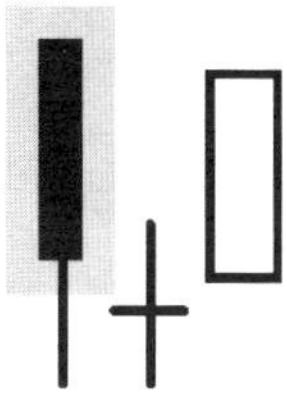	1. 出现在下跌趋势中 2. 在一根实体阴线之后，跟随着一条十字星线，第三根K线是一根坚挺的阳线，并且它的收盘价显著地向上穿入第一根阴线实体之内	十字启明星形态出现在下跌趋势中，第三根K线确认信号成立，预示着底部反转信号成立

（续表）

形态简称	形态特征	形态含义
流星 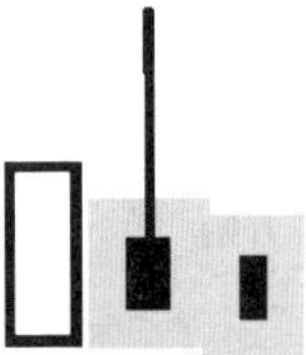	1. 出现在上涨趋势中 2. 流星线具有较小的实体，在价格区间下端，上影线较长	流星形态出现在上升趋势之后，表明市场到达顶部
下降十字孕线 	1. 出现在跌势中 2. 一根长阴线之后，孕线实体退化为十字星线	下降十字孕线形态的出现说明市场向下压力消退

识别股价趋势过程，首要环节是对股价序列的关键点位（如局部高低点、转折点）进行形态判断。如图5-15所示，看涨吞没形态是基本的反转信号。市场本来处于下降趋势之中，但是后来

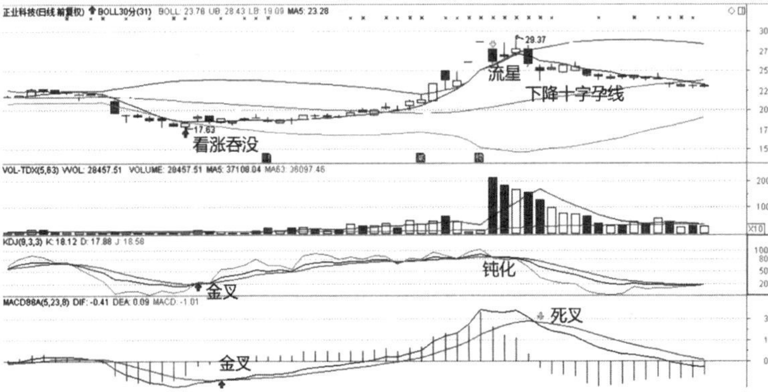

图5-15　看涨吞没、流星和下降十字孕线形态

出现了一根坚挺的阳线实体，这根阳线实体将它前面的那根阴线实体“抱进怀里了”，或者说把它吞没了。这种情形说明市场上买进的压力已经压倒了卖出的压力，预示下跌结束。处理看涨吞没形态有两个关键的判断变量：①前序趋势为下跌趋势；②T-1日（出现信号日前一交易日）为实体阴线，T日（信号日）为实体阳线，且T日实体覆盖住T-1日实体。如果在长期的下降趋势之后，一根阴线或一根小小的阳线实体被一根巨大的阳线实体吞没，就构成底部反转形态。反之，在上升趋势中，如果一根阳线或一根小小的阴线实体被一根巨大的阴线实体吞没，就构成了顶部反转形态。如图5-16所示的刺透、十字启明星、乌云盖顶形态特征。

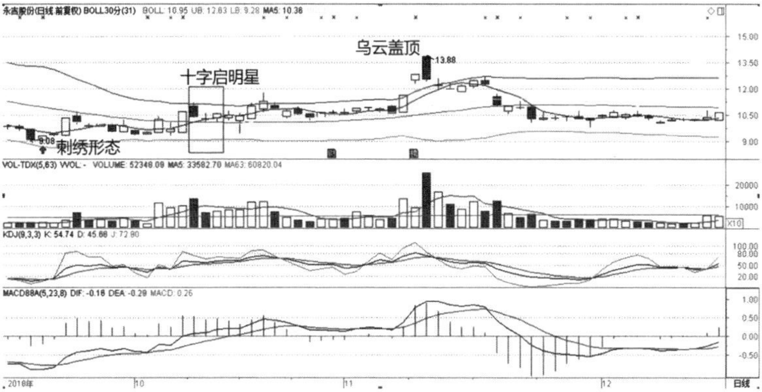

图5-16　刺透、十字启明星、乌云盖顶形态

如图5-17所示，如果吞没形态具有下列特征，则构成重要反转信号可能性将大大增强：

（1）在看涨吞没形态中，第一天的实体非常小，而第二天的实体非常大。这种情况可能说明原有趋势的驱动力正在消退，而

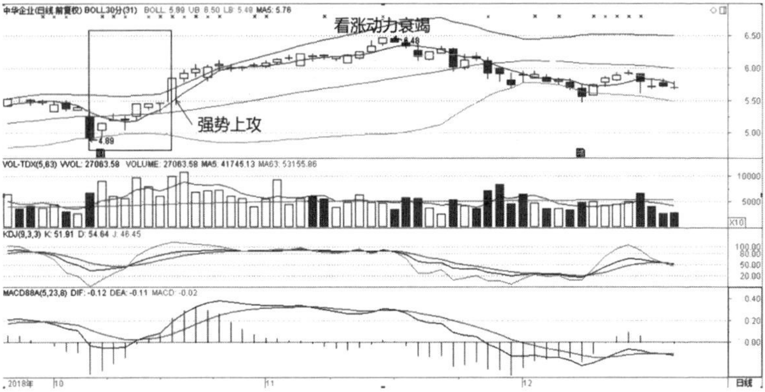

图5-17　强势看涨吞没形态

新趋势的潜在力量正在壮大。

（2）当看涨吞没形态出现在超长期的或非常急剧的市场运动之后，如果存在超长期的上升趋势，则增强了潜在买家已经进场持有多头的信号；或表明可能缺少新多头头寸供应，无力继续推动市场上升。如果存在非常急剧的市场运动，则说明市场可能已朝上涨或下跌方向走得太远，容易遭受获利平仓头寸打击。

（3）在看涨吞没形态中，第二个实体伴有超额的交易量，这种情形可能属于暴涨现象。

（4）在看涨吞没形态中，第二天的实体向前吞没的不止一根阳线。

经过对各种形态的分析研究，再经2018年各类指数样本的模拟交易检验，笔者总结了在熊市末期转折处高抛低吸的各类转折点买卖技术形态，如表5-6所示。看涨吞没、乌云盖顶、刺透、十字启明星、流星、下降十字孕线6种形态在胜率、盈亏比、市场环境适应性上表征信号强烈，刺透、流星、下降十字孕线形态在大小盘风格上均表现稳健，看涨吞没、十字启明星形态在盈亏比上表现更佳。

在熊市末期转折处调整买入方法是一种较好的投资方式，结合K线形态、斐波那契比率、成交量萎缩、KDJ超卖或中位金叉信号可寻找到合适的买入点。锤头、蜻蜓十字、看涨吞没、刺透、十字启明星、流星、下降十字孕线等形态均是可取的底部信号。例如，锤头形态也就是在下跌趋势中出现的一种看涨转折形态，实体位于整根K线的上部，下影线是实体长度的至少2倍，最好没有上影线，当这样一根K线出现在下降趋势之时就是所谓的锤头形态。这里需要强调的是锤头形态出现之前的价格走势一定要向下，当出现这样的K线形态时，股价后市看涨概率就大大增加了。当然，这种形态出现之后股价未必一定会上涨，还需要结合其他信息进行确认。越标准的锤头形态其预报上涨的准确性越高；越不标准的锤头形态其预报上涨的准确性越低。蜻蜓十字就是一种由锤头演变而来的特殊形态，当开盘价和收盘价都位于K线的顶

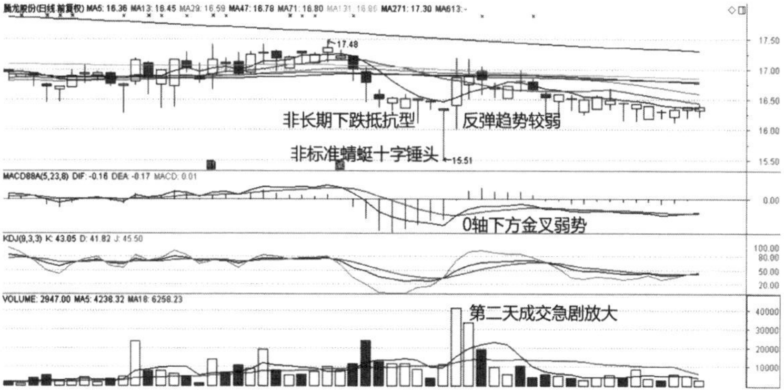

图5-18　蜻蜓十字形态信号趋势

部，且几乎等于最高价时，锤头形态的实体部分成了一根横线，就得到了蜻蜓十字形态，这类看涨形态的出现概率没有标准锤头形态那么高，但是其看涨意味很浓，如图5-18所示。这表明K线分析夹杂着艺术与科学的成分，如果过于严谨，恐怕很难找到对号入座的标准形态，但是如果过于宽松又会使得分析的准确率大大下降。通常而言，有效的锤头K线都对应着较小的成交量变化，如图5-19所示。事实上真正的阶段性底部没有显著的成交量，通常底部都是地量。所以，我们也可以通过成交量的变化来识别出哪些是有效的锤头看涨信号，哪些是无效的锤头看涨信号。

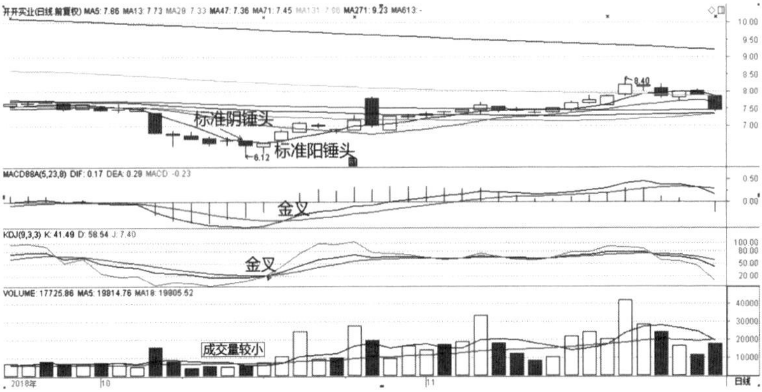

图5-19　标准锤头形态底部信号趋势

当两个以上的看涨吞没形态接连出现时，看涨意味就会更浓，这就是看涨形态的叠加，如看涨吞没形态与锤头看涨形态组合，底部反弹或反转信号会更明显，也就是说，看涨吞没形态确认了此处支撑的有效，这是一个成功率极高的调整买入位置。空仓的投资者可以在看涨吞没形态出现时逢低买入，如果有投资者在高位被套，则应在看涨吞没出现时加码买入，这样可以降低持仓成本，从而随着股价的回升自然解套，如图5-20所示。

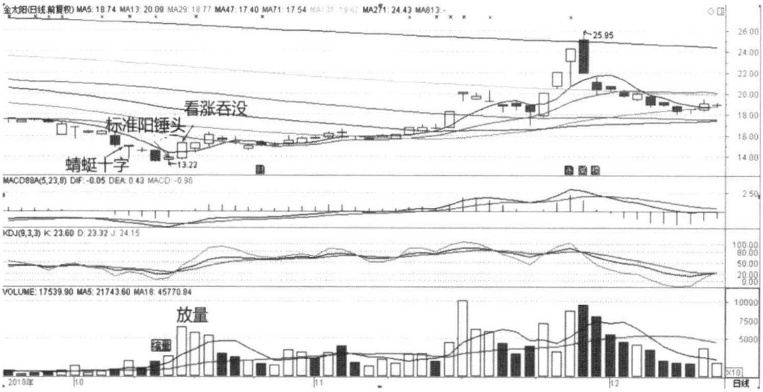

图5-20　底部标准锤头与看涨吞没形态信号叠加

在刺透形态处买入也是一种可取的买入方法。不过这种形态对上涨的预报准确率要低于看涨吞没形态，因为刺透形态其实

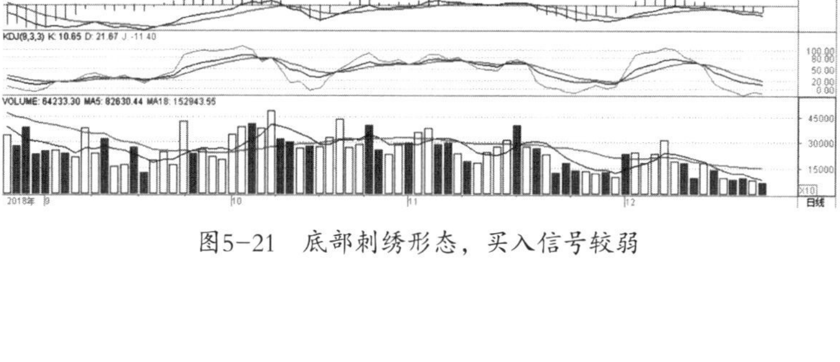

图5-21　底部刺绣形态，买入信号较弱

是一种残缺的看涨吞没形态，也就是说，阳线实体覆盖了阴线实体的下端，但是阳线实体的上端仅仅是超过了阴线实体的中线位置，因此是一种较弱的看涨信号，仅仅说明结束了趋势下跌，不适宜在向下摊平时使用（见图5-21）。

还有一种买入方法是在早晨之星形态，即十字启明星形态处买入。这是一种预报准确率较高的看涨形态。该形态出现之前股价必须位于下跌趋势之中，然后出现一根实体较大的阴线，接着在阴线的底部位置出现一根实体极小的K线，这根K线可以是阴线，也可以是阳线，是十字线更好，此后出现一根实体较大的阳线，这根阳线的开盘价在前一根K线之上，如图5-22所示。有时候大阴线和大阳线之间的小实体K线不只一根，可能是2~3根，这种早晨之星的看涨意味也非常浓。

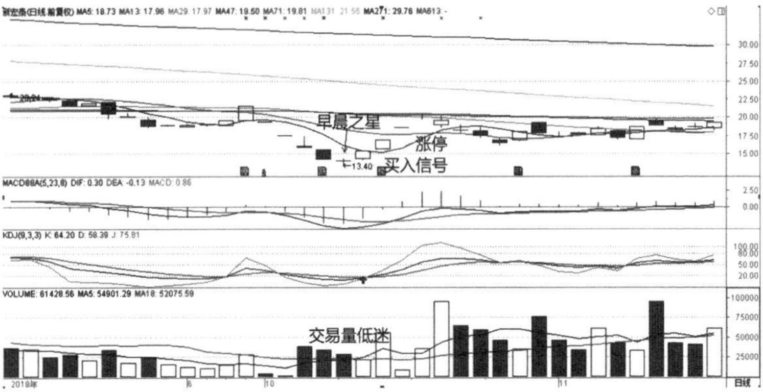

图5-22　早晨之星形态，买入信号强烈

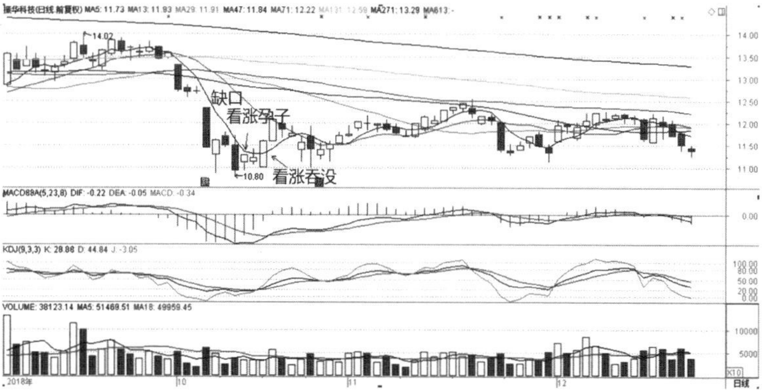

图5-23　看涨孕子形态加上看涨吞没形态，信号准确率较高

第四种调整买入K线形态是看涨孕子形态（见图5-23）。看涨孕子形态的准确率没有看涨吞没、早晨之星形态高。这一形态出现之前的股价走势必须是向下的，首先是一根实体较大的阴线出现，接着是一根实体较小的阳线出现，此阴线的实体覆盖住此阳线的实体（最好是覆盖住整个阳线），这就是看涨孕子形态，反映出市场力量由空方主导走向了均衡。看涨孕子形态与看涨吞没形态叠加可反映市场由空方主导到多空均衡，再到由多方主导的趋势，是预报准确率非常高的看涨形态。

当交易者将各类技术形态与斐波那契比率分析结合起来使用，即在交易过程中将支撑阻力线加入其中一起研判K线的买卖点是一种理想的交易方法。股价在某一斐波那契回调位置企稳时可考虑在区间技术形态买入，以便降低持仓的平均成本。如图5-24所示，个股股价为7.01元，在0.618回调位置C点处获得支撑，而此时出现的K线为蜻蜓十字、锤头形态，两者结合起来就可以得到一个更强的买入信号，判断市场涨时放量、跌时缩量的规律，则可伺机买入。但真实的调整买入和向下摊平操作还需要符合更多的条件，除关注斐波那契比率、K线形态、成交量外，还需要结合KDJ15分钟或30分钟短线买卖点情况，当KDJ在50线以下金叉或出现超卖时选择买入，如图5-25所示。

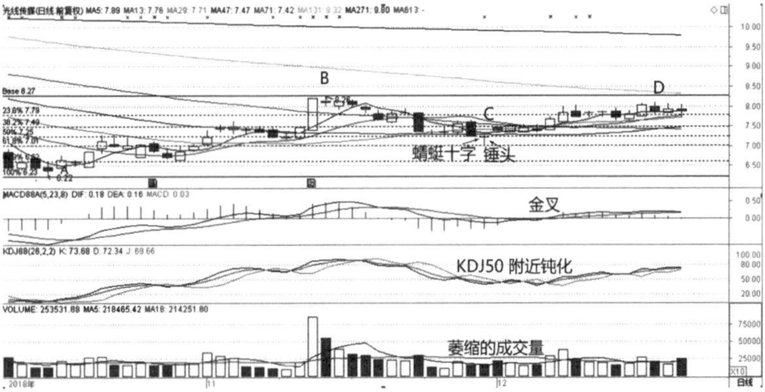

图5-24　C点出现蜻蜓十字锤头调整买入形态选择

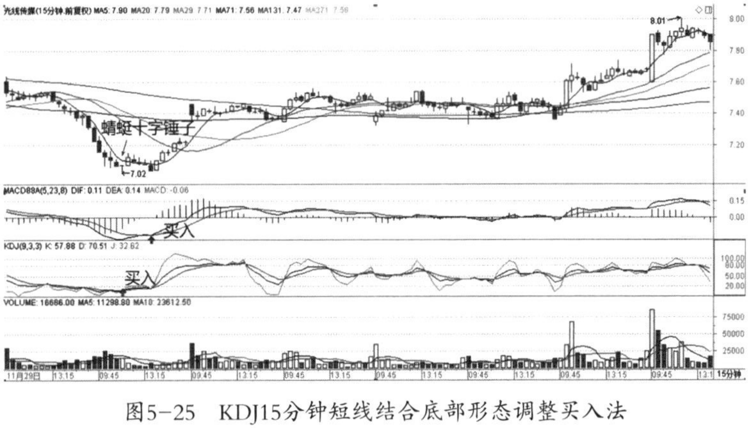

图5-25　KDJ15分钟短线结合底部形态调整买入法

第五章

趋势之道——狙击大波段

《吕氏春秋》有云："全则必缺，极则必反，盈则必亏。"物极必反的规律在资本市场中同样存在，资产价格在经历极大幅度的下跌之后，往往会进入反弹阶段，即便此时资产价格并未大幅低于其内在价值，也存在市场恐慌程度达到极限之后的反转，能够支持一段时间内上涨。而在资产价格大幅上涨之后，同样存在回调的需求。江恩理论是一套技术分析方法论，也是一套严格的交易准则。江恩理论认为，股价波动是支配市场循环的重要法则，要求投资者应当学会判断市场的趋势。因为聪明人不会盲目跟风，而是有自己的看法，按照既定的交易规则去操作，而不是随意地买卖，盲目地猜测市场的发展情况。艾略特波浪理论认为，在上升浪中，主方向上的波浪由五个更小级别的波浪组成；而反方向波浪则由三个更小级别的波浪组成。事实上，艾略特另一重大贡献就是将斐波那契数列引入市场预测研究，用来推算下一浪的股价目标。因此，在转折期狙击大波段是趋势之道选择的必然结果。

一、看清狙击大波段的投资趋势，选好大牛股

对于发生在熊市转折期市场中的趋势投资，投资者应依据市场所处的阶段作出不同的处理。最明显的例子是，如果交易发

生在市场初期放量上涨的反弹行情中，市场没有明显的调整迹象时，以持股为主，只有均线MA和MACD同时出现破位和柱状缩头时再考虑减仓；如果MACD柱状缩头发生在市场缩量上涨时，即使价格没有明显下跌，稳健的投资者也可以适当进行减仓操作，以保住大部分利润，因为初期控制风险是比追求利润更为要紧的原则。而在量价背离的上涨末期，要注意随后可能出现的MACD红柱变绿柱的市场短期空头卖出信号，这也标志着跌势的开始，股价从强势转化为弱势。应坚信MACD是从指数移动平均线发展而来的，反映快、慢均线的离散，聚合市场多空状态和股价可能出现的发展变化趋势，同时遵守强弱指标RSI所反映一定时期内股价上涨幅度与下跌幅度比率的个股景气程度，作为选择合适的趋势进场时机显得尤为重要。

笔者通过对上证指数的观察，发现绝大多数的中期大底在MACD指标上都会满足以下条件：MACD在0轴以下两次金叉，MACD指标与K线股价形成明显的底背离，且MACD两个金叉点的时间距离在1~2个月。上述三个条件，如果全部满足，可积极重仓参与。如果满足了两个条件，则可适当参与。如果只满足了一个条件，应以观望为主，尽量不参与。大底部，就是市场由长期下降趋势转变为长期上升趋势，长期趋势的转变通常都需要经过MACD的两次金叉。

MACD在0轴上方指标两次同位金叉，股价会再创新高。MACD在0轴上方时，市场属于强势范围，一旦快均线上穿慢均线，就是对行情拉升的确认。MACD在强势区形成的第二次金叉将会大大增强市场做多的气氛，即使股价还没有创出新高，投资者也预期股价随后会在不断唤醒的多头参与下再次创出新高（见图5-26）。同理，MACD在0轴下方出现两次死叉，股价会再创新低。

MACD趋势买卖法则（见图5-27）：

（1）MACD起死回生，在上涨过程中洗盘、回档、死叉后一两天内会迅速金叉看涨。

（2）MACD跌破0轴趋势后不是第三浪就是第四浪会上涨。

（3）MACD的一波绿柱没有比前一波低，在绿柱靠近0轴时买入将会上涨。

（4）MACD在0轴上方金叉、死叉次数越多越好，牛股特征明显。

（5）MACD远离0轴，股价大幅急跌后涨势出现两次金叉。

（6）股价上涨后回调，MACD 在7天之内绿柱变短，金叉后黄金坑看涨。

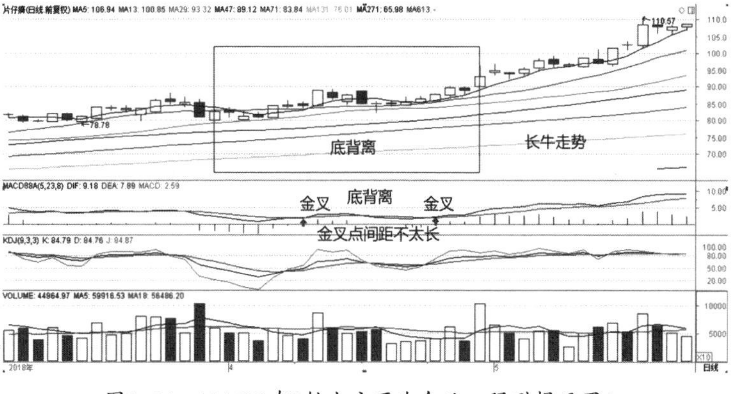

图5-26　MACD在0轴上方两次金叉，强烈提示买入

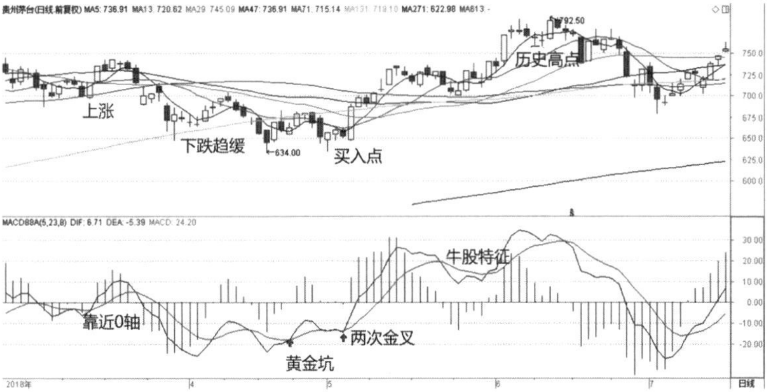

图5-27　MACD趋势买卖法则

在熊市转折期符合MACD趋势买卖法则的状况下，容易选择出大牛股，要尽可能选择股价刚刚向上突破各类短、中期均线，短、中期均线经过走平、汇聚、上升阶段，MACD的短、中期两线都处在0轴上方；MACD红柱多头向上；CCI指标的短、中期数值都大于90；BOLL线短、中期轨道方向缓缓上升；RSI强弱指标的短、中期两线也是多头向上；成交均量线跟随K线向上放大提升的股票（见图5-28）。

图5-28　依据趋势条件综合选股

往往在买入之后，股价会发生一次小回抽，随后便连续拉出大阳线上涨，MACD红柱依次伸长，表示上涨动能不断强化（见图5-29）的过程。具体操作过程，需要结合具体的投资策略和操作战法去实践。

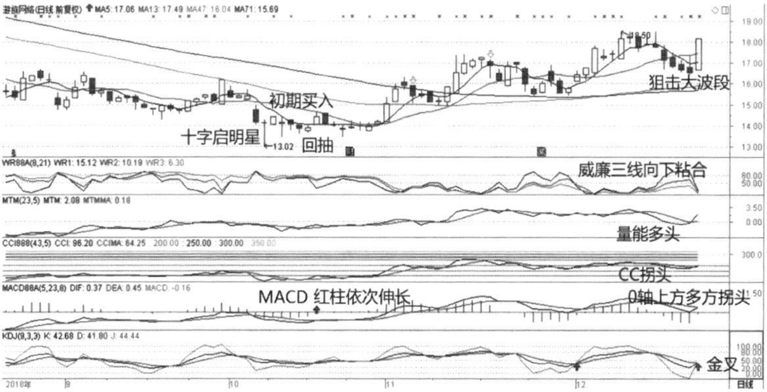

图5-29　狙击大波段示意图之一

实战选股经验（见图5-30）：

（1）选取前期强势的热点板块（具备人气效应）。

（2）选取前期强势，后市杀跌超过30%的个股。

（3）选择日线级别背离，或者内部15～60分钟背离的个股（指标底背离）。

（4）等待背离后再次形成强势双底的个股，时间周期相应对称。

（5）攻击35日或135日均量线（底部量能有1~2次攻击35日或135日均量线）。

（6）激进者强势在双底时买入，稳健者等待双底颈线突破或回调企稳时买入。

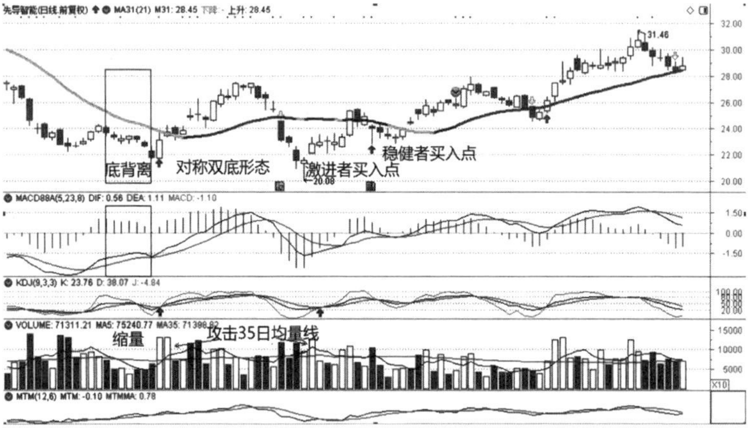

图5-30　MACD指标底背离+双底狙击大波段买卖战法

二、尝试投资战法，抓住进场时机

1.伏击战法

个股经过一段时候震荡下跌后，突然有一天收出长阴线，然后股价围绕这根长阴线震荡整理，收小阴小阳横盘趋势。此时是较为可靠的局部见底伏击信号，表明此区域多空双方已开始激烈争夺，主力可能正在吸筹，当某天以中阳线报收时，就说明伏击战已正式开始，市场会以底部反转形态的姿态出现较为可观的波段上扬行情。

伏击战的底部形态技术要点：

（1）股价前期已经运行了一波下跌，某日出现的阴线幅度足够大，超过6%。

（2）大阴线之后K线小阴小阳平台运行，基本在阴线收盘价附近。

（3）K线小阴小阳平台持续4~7天，波动在2%的范围内，期间量能萎缩明显。

（4）平台末端大阳线有力度，量能适当放大，涨幅在3%~5%时介入为宜。

（5）大阳线之后量能高于前日量能的1/2（当日均线涨幅越大越好）。

（6）基本面不出现巨大利空。

（7）大阳线出现跳空缺口不能回补，则短线放弃。若回补缺口，是买入信号。

（8）在阶段性高点日K线受长期均线压制时要慎重（激进型投资者最好在尾盘买入）。

伏击战买卖方法（见图5-31）：

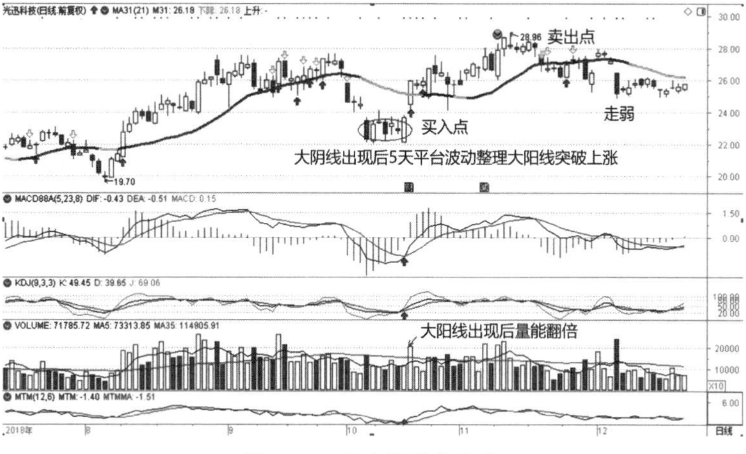

图5-31　伏击战买卖方法

买进：

（1）底部中阳线出现当日，当股价在盘中接近或超过大阴线开盘价时迅速跟进。

（2）伏击形态形成次日，股价回抽至中阳线实体的1/2水平时买进。

卖出：股价跌破前一根大阴线的开盘价就卖出，做好止损。

2.调整买入战法

调整买入战法就是在下跌后反弹时买入的高抛低吸战法。我们应把握回落的机会买入或增加持仓量，利用之后股价回升后减少原有仓位，增加盈利。真实的调整买入和向下摊平操作还需要符合更多的条件，除关注斐波那契比率、K线形态、成交量外，还需要结合KDJ短线买卖点情况，当KDJ在50附近金叉或出现超卖时选择买入。选择该战法的关键问题是需要判断当前是向上的概率大还是向下的概率大。此外，按斐波那契时间周期分析股价上升趋势后回调的止跌点，如果把第一波上涨起始点和最高点的竖直长度记为1，则其竖直长度的0.382、0.5、0.618为常用的潜在回落点。如果确定止跌点，一般还需要确认是否出现锤头、蜻蜓十字、看涨吞没、刺透、十字启明星、流星、下降十字孕线等形态的K线图止跌底部信号，再结合成交量是否萎缩、MACD两线是否出现金叉、KDJ短线战法等指标加以甄别，起到高抛低吸的效果。回调黄金分割位从0.618到0.382，对于判断多空力量极具参考意义。一般而言，股价连续突破0.618之后，回踩做多看多；股价连续跌破0.382之后，反弹以减仓为主。而黄金分割位0.809和0.191的压力和支撑作用只能作为参考，不作为买卖依据。

斐波那契时间周期也可作为调整买入战法的依据，对斐波那契时间周期进行判断，寻找买入的转折时机。若个股在转折之前以上涨为主，那么转折即为下跌，反之亦然。大盘的时间周期一般在13

个交易日以上可作为趋势判断依据，而对强势股趋势反弹而言，我们一般以8个交易日为选择时间趋势节点，最常用个股循环周期是13天、21天。这两个周期的推测较为准确，可以此作为调整买入战法的补充参考。如图5-32所示，21日均线有“万能线”之称，它是一条操作的“进出决策线”。在贴近21日均线附近进场做多，并将止损设在21日均线以下位置，既可享受行情波段下跌后带来的反弹利润，又可在顶部形成时及早脱身并锁住大部分利润。经过长期研究，笔者发现21日均线是趋势强弱的重要转折点，K线运行在21日均线之上即为强势，K线运行在21日均线之下即为弱势。不管是周线图中21日均线形成的趋势，还是15分钟线图中21日均线形成的趋势，都以21日均线作为波段操作参考主线，但所不同的是周期越长越稳定，形成的趋势行情也是越明显越持久。

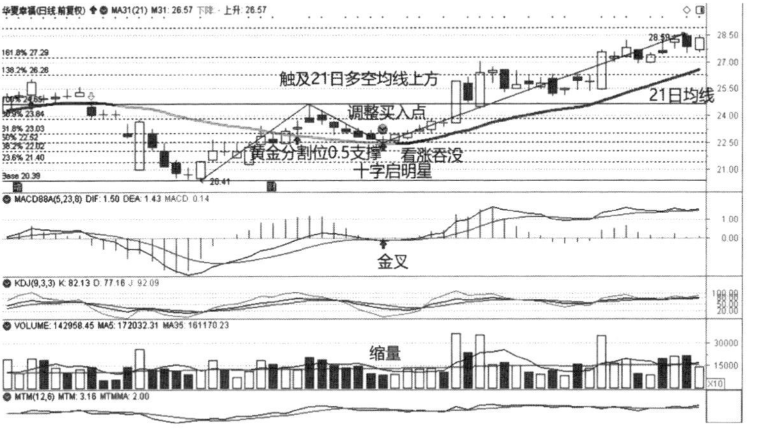

图5-32　调整买入战法狙击大波段

以图5-33为例，在2018年6月22日于19.07元起涨，到达2018年7月25日最高价位23.07元黄金分割位0.382处为第一波段AB浪，随后整理回落至2018年8月6日最低位19.70元C点近乎底部原点处，出现十字启明星形态后恢复上涨（适用调整买入战法），经过MACD在C点0轴上方两轮“鸭子张嘴”后在2018年9月5日创出高点27.64元，三重顶受阻回落，MACD死叉进入多方横盘整理，设定D点为黄金分割位1.00处，预示多方力量开始衰竭，于2018年9月28日MACD两次死叉后跳空向下至22.05元（黄金分割位0.382处）附近构筑第二波回调低点，在黄金坑底部看涨吞没形态牵引下（适用伏击战法）股价在2018年11月13日创出本轮5浪上涨最高点28.96元后MACD再次死叉回落，蓝柱持续放大，股价重回调整过程。从斐波那契时间周期看，上涨持续21个交易日，盘整下跌持续13个交易日，回调呈黄金分割位0.382处止跌的5浪技术走势，适用于调整买入战法和伏击战法狙击大波段的实战。

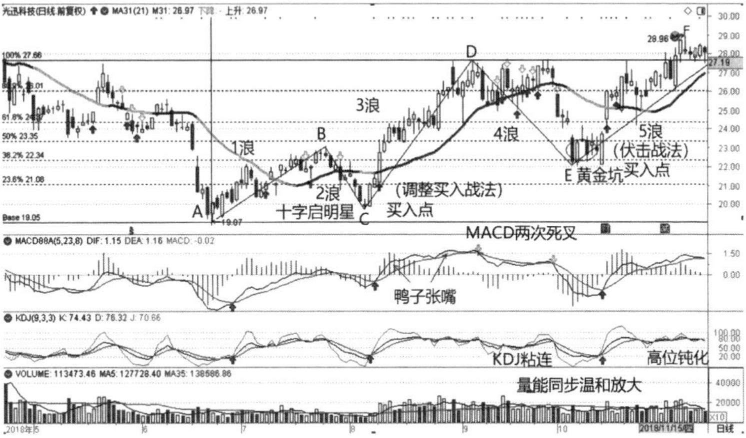

图5-33　调整买入战法和伏击战法狙击大波段

3.共振狙击战法

共振狙击战法在股票技术分析中的应用，主要是指多个技术工具对某一目标同时发出一致的技术提示。共振现象，是交易者探究目标股票是否具备交易条件的极佳工具。比如，通过多项技术工具来分析某股票是否具备上涨潜质，如果经过多项技术工具的分析都显示该股具备一定的上涨概率，就说明技术工具在这里产生了共振。技术共振的类型具有多样化的特点，大致可分为以下几种类型：

①多个技术指标之间对目标个股发出共振提示。

这种类型的共振较为常见，比如MACD、KDJ、BOLL等技术指标同时发出买入或卖出的交易提示。正因为这种共振的常见性，而且是技术指标范畴内的共振，所以其准确性会有所折扣，在应用空间和时间上有较多限制。

②技术指标与量价、均线系统等技术工具在某一时点上发出共振提示。

在实战中，均线系统、量价关系、技术指标等同时发出买入或者卖出的提示，这种跨越技术工具类别的共振，一般具有较高的准确性。

③不同时间周期在技术分析上形成的共振。

不同时间周期、不同技术工具对某一对象在某一时点上发出的共振提示，往往有着让人惊奇的准确性，但是这种类型的共振条件苛刻，难得一见。不同时间周期的共振有着不同的应用意义，比如日线、周线、月线同时显示行情向好，意味着中长期行情转暖；而5分钟、30分钟、60分钟等时间周期的共振，只是显示短期行情的变化。在实战中，时间周期和多项技术工具的共同使用，对于交易者在分析和判断行情的变化上更为有利，出现共振的技术因素越多，对行情判断的准确性越高。

在熊市中参与次级反弹和在转折处入场，是交易者在熊市转折处盈利的主要方式。很多已经摆脱了追涨杀跌、盲目出击阶段的交易者可能早已认识到了这一点，但是往往会遇到升级阶段的另一个难点，即如何发现和判断次级反弹即将发生以及熊市末期转折点的到来。在实战中交易者大都遇到过这么一种行情：股价经过一轮大幅下跌之后，在技术分析上似乎已是跌无可跌，股价超跌阶段来临。此时，市场上的各方资金对这个点位有着极大的分歧，大多数的中小交易者认为股价超跌，符合入场抄底的条件，而主力资金却迟迟不见响应。随着中小交易者入场捡拾“便宜货”，行情发生微弱的抬升。但不久之后，行情却风云突变，打破了之前的平静，再度开始暴跌。此时因股价超跌而入场抄底的交易者为恐惧心理所控制，转多为空，纷纷不计成本地抛售筹码，争相出局，市场的超卖阶段来临。笔者认为，在转折期超跌是市场产生短期反弹的主要动力，而超卖才是次级反弹和反转行情的催化剂。换句话说，只有在市场恐慌情绪蔓延时，才有可能产生重要行情的低点或转折点。如图5-34所示，一轮下跌过后A点出现了反弹，在A点的反弹前后整体成交量并没有发生变化，也就是说，在这一点上主力资金并没有明确的动向。如果A点是一个重要的行情低点，而主力资金没有明显的活动，有两种可能：一是主力已经提前建仓完毕；二是主力资金并不认可这个价位。该股前期量价关系分析，并没有主力资金建仓的特征，因此可以初步认定A点只是一个超跌反弹行情。B点股价放量上涨，触及60日均线，MACD触及0轴，这是一个相对简单的高点共振，随后股价发生回落。从B点到C点，股价再度下跌，从短期趋势的角度来看，股价跌破短期上涨趋势线，说明涨势结束，所以这里必然引起市场的恐慌性抛售，整体成交量渐渐开始活跃。C点的下跌势头看似凶险，其中阴线的实体虽然不小，但反击的阳线实体也在增大，有一种潜在的反击力量正在孕育。C点下跌确实让交易者很容易产生忧虑和恐惧，但股价却像是有一只无形的手在支撑，这就是超卖。MACD在D点和股价发生底背离，成交量出现明显放大，均线金叉呈多头排列，股价再度触及60日均线并随之成功突破，多项技术工具发生共振，这就是共振的完整过程。

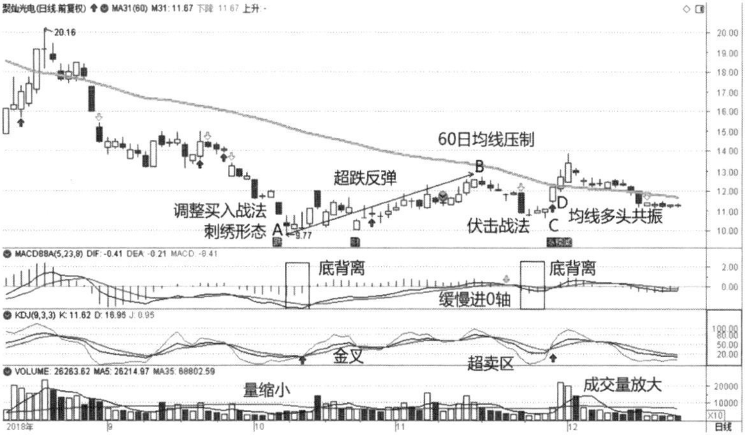

图5-34 共振狙击战法

笔者选择设计了以下几种狙击大波段的共振模式，供交易者参考。

日飞冲天共振模式：

①日线MA（5、13、29）[①]均线多头向上，且其5日均线以大于

① MA（5、13、29）：指5周期、13周期、29周期均线。

60度的角度向上，同时其日线MACD指标的DIFF线（收盘价短期、长期指数平滑移动平均线间的差）和DEA线（DIFF线的M日指数平滑移动平均线）以及MACD柱状体都在0轴以上向上运行，日线VOL（5、18）[①]均量线为多头向上。

②周线MA（4、13、21）[②]均线多头向上，同时其周线的MACD指标的DIFF线和DEA线以及MACD柱状体均多头向上运行，且VOL（5、18）均量线也为多头向上。

③60分钟线MA（4、18）[③]均线为多头向上，且其60分钟的4小时线以大于60度的上升角度运行，同时其60分钟线MACD指标的DIFF和DEA以及MACD柱状体都在0轴以上向上运行，并且60分钟线VOL（5、18）均量线为多头向上。

若这些时间节点的条件都满足，那么尽量在分时图的交易重心附近择机买入，这样就不用担心买错了。然后观察BOLL线上轨收敛趋势并于RSI在80以上豁口大于3%时兑现获利筹码。日线MACD柱状体不缩短、5日均量线不拐头向下、5日均线不拐头向下，其中的两个条件不同时出现就还可以反复在30分钟图、60分钟图中出现买入信号时做多，如图5-35所示。

30分钟突飞猛进共振模式：

①日线MACD的DIFF线和MACD柱状体都是在0轴以上且多头向上，5日均量线、均线MA（5、13、29）均多头向上。

②周线MACD的DIFF线和MACD柱状体、4周均量线、均线MA（4、13、21）均多头向上。

① VOL（5、18）：指5周期、18周期均量线。
② MA（4、13、21）：指4周期、13周期、21周期均线。
③ MA（4、18）：指4周期、18周期均线。

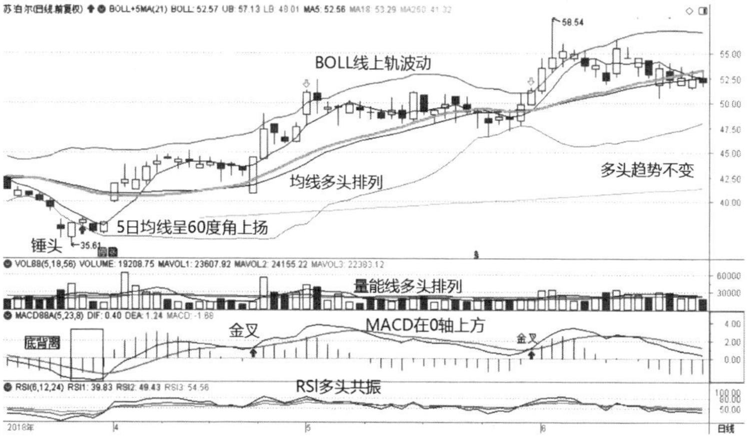

图5-35　日飞冲天共振模式狙击大波段趋势

③30分钟图中MACD的DIFF线和DEA线以及MACD柱状体均多头向上，且刚刚形成金叉或老鸭头形态，KD指标金叉发散向上，VOL（5、18）均量线、股价沿5日均线呈60度角多头向上。

其进场操作条件类似于日飞冲天共振模式，见图5-36。

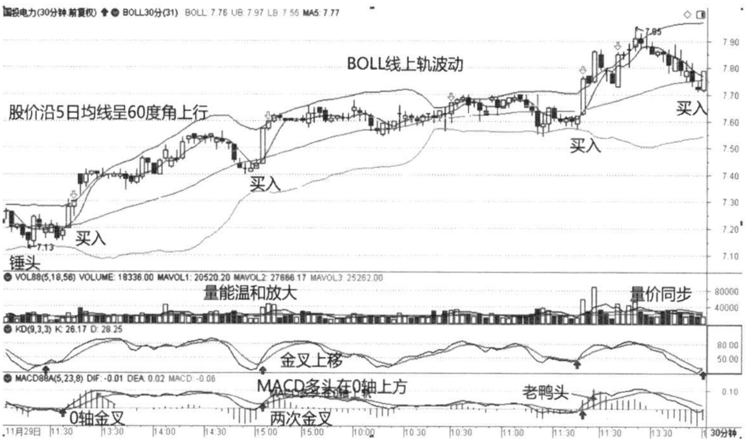

图5-36　30分钟突飞猛进共振模式狙击大波段趋势

狙击大波段机会是市场中数量最多、分布最广的操作机会。在活跃的市场中，波段随着市场波动而形成，因此具有鲜明的波动节奏。波段交易要做的正是踩着波动节奏低买高卖。也就是说，等待一个回撤的低点作出买入决策，在涨高之后出手。从时间周期上定义，波段有大周期波段，如周线波段、月线波段，也有小周期波段，如日线波段、60分钟波段、30分钟波段等。而操作大波段时，必须在大周期上找到趋势方向，再选择小周期进场操作，才能准确狙击大波段收获利润，日飞冲天共振模式是较好的一种波段选择，但寻找这样的机会难度甚大，如果通过30分钟突飞猛进共振模式提早进场介入，不失为一种较佳的投资之道。

第六章

趋势之道——指数化投资

2018年恰逢改革开放40周年，中国期货市场迎来多层次的创新改革，包括恢复股指期货的正常交易，在完善合约规则和保税交割机制下向外国投资者开放期货市场，并适时推出摩根士丹利资本国际公司（MSCI）中国指数期货。股指期货和期权金融衍生品属于高精尖金融领域，是至关重要的股市风险管理稳定器”，事关我国资本市场核心竞争力。笔者预测，在本轮股市周期第三子循环上升周期（从2019年1月持续至2020年6月）上证指数将从2400点上涨至4130点，意味着指数有近70%的上行空间。投资者的疑问主要是：盈利能否复苏？估值是否合理？外资会不会持续流入？投资情绪是否支持市场上行？自2018年第三季度企业业绩公布后，整个市场对企业业绩的预期断崖式地向下调整，而反映股指期货市场情绪变化预期的波动率指数（VIX）呈现低走筑底趋势，市场情绪趋于理性乐观，也意味着未来市场价格有可能上涨。其依据是沪深300指数12个月远期市盈率为11.4倍，相较于MSCI新兴市场指数（11.7倍）呈折价状态。而经济虽已接近周期底部，但仍未完全见底，不过市场情绪无疑已有所改善。在减税降费定向刺激措施下，资金已流入实体经济，市场在未来1年内将受惠于稳定的基本面。在转折处的趋势投资，我们除了谈基本面和技术面的趋势投资，更应谈指数趋势投资，其中涉及指数基金、股指期货及期权等品种，因为这些品种具有避险保值、降低交易成本的益处。对于专业投资者来说，其通常作为对冲工具，具备高杠杆投机和套保的功能，适宜短期或展期投资，我们需要对市场、对个股或指数的短期走势有一个精确的判断后找到合适的购买点。

目前，国内股指期货成交持仓比的水平与美国、欧洲国家等差不多，但是不论成交量还是持仓量，都存在不少差距。因此，应继续放开交易限制，鼓励机构持仓，让成交量带着持仓量同步放大，恢复市场流动性。2018年12月中金所统一进行调整，沪深300、上证50股指期货交易保证金标准为10%，中证500保证金标准为15%，平仓交易手续费标准为4.6/10000，重新点燃了股指期货市场热情，沪深300、中证500、上证50股指期货月成交量重回百万余手。与股指期货相比，股指期权是更为精确、多元的风险管理工具，其功能已从管理涨跌风险升级到管理市场波动风险，除了上交所推出的50ETF[①]指数基金期权产品外，2019年中金所指数期权产品的各项上市筹备工作正在积极推进。2019年在科创板注册制开闸、MSCI提高纳股比例的背景下，指数期权的推出意义非凡。

一、选择指数标的，搭上ETF基金快车

指数基金投资是指通过基金买入一篮子股票，能够覆盖更多的行业，持续享受优质个股的红利，规避行业和个股风险，获取市场平均收益。对于个人投资者来说，在没有有效炒股方法之

① ETF：交易型开放式指数基金。

前，买股票不如买指数基金靠谱，这样可以轻松跟随牛市，跑赢绝大多数投资人。投资大师彼得·林奇说，“只有少数基金经理能够长期持续战胜市场指数”，随后巴菲特印证了“通过投资指数基金，一个什么都不懂的业余投资者往往能够战胜大部分专业投资者”的道理，这其中的原因何在？简单地说，指数波段趋势操作就是把指数当成个股，在阶段底部买入，在阶段顶部卖出，来回操作。基金所跟踪的市场指数具有内生增长动能，统计数据显示国内主要股指内生增长每年保持在5.8%~12.7%，指数长期趋势向上为投资者提供了丰厚的收益。此外，投资者在热切期盼高额回报时，往往面临一个又一个的投资陷阱，而指数基金用最简单的投资哲学，最透明的投资思路，帮助投资者规避业绩地雷、股价操纵和“黑天鹅事件”等风险，对不同市场板块、风格、行业、主题、市场类型或投资地域作出差异性判断，促使各类投资标的呈现结构性的行情轮动，为投资者提供丰富的投资获利机会。面对A股市场3000多只股票，对于非专业投资者来说，持续选出优质的股票并不是一件简单的事。对于100多只交易型指数基金，只要大致看看其历史估值，找个低位买入即可，相比股票要省心得多。

任何ETF基金都会经历诞生、成长、壮大、衰退甚至死亡的生命周期，A股市场自2004年初引入第一只50ETF基金，经过10多年的发展，截至2018年底，150只ETF基金合计份额规模达到2732亿元人民币，但与全球1400多只ETF基金、总规模5万亿美元相比，国内的规模仍很小，仅占全球不到1%，A股市场的ETF基金显然还有相当大的发展空间。ETF指数基金跟踪了某一特定的市场指数，其用绝大部分的仓位（95%以上）复制跟踪指数的成分股。选择指数标的，就是选择决定指数权重的成分股市值。随着指数成分股市值的增长，该成分股占该指数的份额日益加大；若成分股的市值缩减，占该指数的份额也会日益减小，直至剔除出指数。这种优胜劣汰机制，正是指数长期趋势向上的生命力所在。相比于主动管理型基金，ETF指数基金不再是由基金经理根据其个人经验及判断进行选股及配置仓位，而是由市场内在的优胜劣汰机制选择成分股，客观地分配仓位进行投资。ETF基金的策略思想以长期收益和有限管理作为出发点，吸引越来越多的主动投资者选择ETF基金作为投资工具，将其应用于各类量化投资策略以及资产配置模式。如阿尔法中性策略、套利策略、期权策略及核心-卫星配置和杠铃配置模式等。通过运用主动型投资策略，把握指数中长期涨跌趋势，在上涨时重仓买多，下跌时清仓等待，投资ETF基金完全有机会获得高于市场平均收益水平的收益。一般情况下，投资者可以根据个人行业偏好，根据各类宽基指数覆盖权重前七名行业情况（见表5-7），以同比例买入大盘类基金和中小盘类基金作为配置，不用考虑A股风格转化问题，其收益稳定，且回撤很小。若选择在场外交易，需注意基金申购和赎回的手续费，一般还挺高的，并且只能隔天操作。笔者推荐的场内交易ETF指数基金有：华泰柏瑞300ETF（510300）、华夏上证50ETF（510050）、南方中证500ETF（510500）和易方达创业板ETF（159915）。

表5-7　各类宽基指数覆盖权重前七名行业情况

单位：%

行业配置	特征	金融	工业	日常消费	材料	信息	可选消费	医疗
上证50股指期货	超大盘	56.97	10.38	10.13	4.91	—	4.72	—
沪深300	大盘	34.90	13.13	8.79	—	8.38	10.51	—
中证500	中盘	—	20.10	—	17.21	17.38	13.02	9.48
创业板	中小盘	—	19.96	13.64	—	33.53	6.5	17.14

二、股指期货怎么买卖才能赚钱？

股票市场上存在系统风险和非系统风险，购买多种风险不同的股票，可以较好地规避非系统风险，但不能有效地规避整个市场的系统风险。由于股票指数基本上代表整个市场中股票价格变动的趋势和幅度，因此可以把股票指数改造成一种可交易的期货合约，并利用它对所有股票进行套期保值，规避系统风险。可以说，股指期货市场的价格能够对股票市场未来走势作出预期反应。依靠股指期货赚钱的方法很多，有些方法非常复杂，甚至需要动用计算机使用模型进行计算。最常见的方法主要有：①纯粹投机交易。比如预测股市要涨，就列一张买进的单子，等到指数真的上涨的时候，再列一份卖出的单子，平仓出局，赚取两个合约价格之间的差价。预测价格下跌，反过来做开仓卖出和卖出平仓就行了。这种方法难就难在必须对大盘方向有精准的预测，承担的风险是很大的。②套利交易。简单说就是利用指数期货和现货之间价格的不正常波动赚钱。例如，2019年2月18日上证50股指期货指数最低为2540点，而3个月后的期货合约交易价格却是2554

点，这时两者之间就有14点的价差。聪明的投资者会抓住这个机会，在期货市场里用2554点卖出一份3个月后的期货合约，同时，在股票市场按当时报价买进同样价值的50ETF基金。这样，3个月后，无论股市怎样波动，这个投资者都能保证获得14点的利润。采用这种方法交易风险很低，收益非常稳定。

1.股指期货的操作要领

（1）当投资者预测股市将上升时，可开仓买入股指期货合约，看多市场。在预测股市将下跌时，可开仓卖出股指期货合约，看空市场，从对将来的正确预测中获利。相对于投资股票，低交易成本及高杠杆比率使得股指期货更能吸引投资者入场。

（2）对持有股票的长期投资者而言，在对短期市场前景看跌或看涨的时候，可通过开仓卖出或买入股指期货，继续在现货市场持仓或空仓的同时，锁定利润、转移风险，实现空头或多头套期保值。

（3）因个人投资者没有快速的套利高频交易系统，期现套利和跨期套利的使用不会太频繁。通常远期合约对市场的反应比短期合约要大，若投机者相信市场指数将上升但却不愿承受估计错误的风险，则可购入远期合约并沽出近月合约，做一次交割前的期限展期。

（4）投资者在进行期货交易时，必须按照其买卖期货合约价值的一定比例来缴纳保证金后才能参与期货合约的买卖。采用每日无负债结算的逐日盯市、涨跌停板和持仓限额制度，按当日结算价格结算所有未平仓合约的盈亏、交易保证金及手续费、税金等费用。

（5）在股指期货交易过程中，一定要弄清买卖的方向。根据市场信号判断市场短期走势是看涨还是看跌，即是买多还是卖空。从技术层面看，可根据日K线图决定买多还是卖空，判定当前指数在整个K线图中所处的位置，再分别看60分钟、30分钟、15分钟K线图，有助于判断指数波段趋势，以此来决定是做多还是做空。15分钟、5分钟K线图的走势可作为操作时选择合适时间建仓的参考。如当15分钟K线图出现了长阴线，接着有收阴趋势的时候，就得细心观察5分钟K线图，如果该图出现了3～5根阴线且有下跌趋势，短期做空机会就来临了，反之则是做多的机会。当你看准了市场趋势以后，要果断地买进或卖出，此时需要赶快观察决定你建仓成本高低的1分钟K线图，别看这1分钟的时机，有时价格差距是巨大的，不建议“吝啬地”限价委托，而应选择1分钟K线图的最高点卖出、最低点买进。当然，期货市场有时候不会遵循“趋势”规则，当发现走错方向的时候，应该及时平仓，以免遭受爆仓的危机。

2.实战上证50股指期货

用上证50股指期货做两融，放大约10倍杠杆，投机博取高收益。目前融资融券杠杆在2倍以内，并且还需要按日支付8%～8.5%的利息。有时候还没有资金或券可融，导致投资者错过放杠杆的投资机会。利用股指期货的杠杆功能，在看好牛市时与其融资炒股不如直接买股指期货。下面用一个案例进行说明：假如某投资者有100万元资产，想放杠杆操作。当上证50股指期货指数为2600点，上证50股指期货IH1906合约报价也是2600点时，看好股市上涨，通过股指期货杠杆操作买入1手股指期货IH1906合约价值为

2600 × 300=78万元，股指期货占用资金为78万元 × 10%（保证金）=7.8万元。假如上证50股指期货指数上涨了5%，股指期货盈亏率为50%，且不看好上涨后市，则可以利用股指期货开仓卖出，分享跌势的投资收益。在利用股指期货杠杆时，需要注意杠杆应与投资股市总资产相匹配，以此来确定最大买卖股指期货手数，并预留部分资金应对可能出现的不利亏损。

在股指急剧波动的转折处，股指期货提供了一种非常灵活的风险管理工具，可以通过做空股指期货为股票持仓进行套期保值。机构投资者还可以利用这些工具开发更多的新策略，包括作为50ETF期权的对冲工具，进行期权与期货及多种期货之间的套利，极大地提高了市场有效性，且股指期货的高杠杆特点使得其资金占用少，优势明显。

三、攻克50ETF期权

传说古希腊哲学家泰勒斯在某一年预测第二年将迎来橄榄的丰收，届时用于橄榄油制作的榨油机将供不应求。于是泰勒斯找到榨油机拥有者，支付了一小笔费用租下了榨油机。当春天橄榄获得大丰收时，突然很多人需要使用榨油机，这时，泰勒斯以高价出租榨油机，结果赚了一大笔钱，这就是期权的起源。所谓期权，就是指买方向卖方支付一定费用，在未来某一时间点买入或卖出某一个标的的权力，投资者可以选择行权获取收益，也可以选择放弃行使这个权力。我们常用的50ETF期权T型行情报价如图5-37所示。以50ETF期权为例，2018年12月28日50ETF的最新价为2.286元，但某投资者看好后市，认为1个月后50ETF将涨到2.40元，于是以市价0.07元买入1份1个月后行权的认购期权，行权价为

2.3元。如果1个月后，50ETF如预期涨到了2.4元，则该投资者将赚取0.03元(2.4 – 2.3 – 0.07=0.03元)，收益率为42.9%。

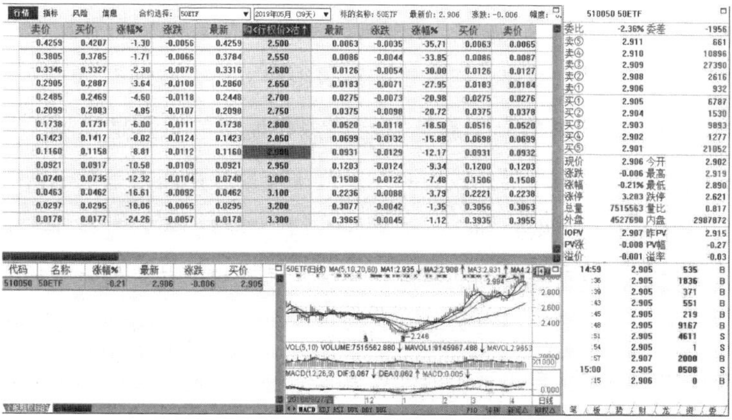

卖价	买价	涨幅%	涨跌	最新	购<行权价>沽↑	最新	涨跌	涨幅%	买价	卖价
0.4259	0.4207	-1.30	-0.0056	0.4259	2.500	0.0063	-0.0035	-35.71	0.0063	0.0065
0.3805	0.3785	-1.71	-0.0066	0.3784	2.550	0.0086	-0.0044	-33.85	0.0086	0.0087
0.3346	0.3327	-2.30	-0.0078	0.3316	2.600	0.0126	-0.0054	-30.00	0.0126	0.0127
0.2905	0.2887	-3.64	-0.0108	0.2860	2.650	0.0183	-0.0071	-27.95	0.0183	0.0184
0.2485	0.2469	-4.60	-0.0118	0.2448	2.700	0.0275	-0.0073	-20.98	0.0275	0.0276
0.2099	0.2083	-4.85	-0.0107	0.2098	2.750	0.0375	-0.0098	-20.72	0.0375	0.0378
0.1738	0.1731	-6.00	-0.0111	0.1738	2.800	0.0520	-0.0118	-18.50	0.0516	0.0520
0.1423	0.1417	-8.02	-0.0124	0.1423	2.850	0.0699	-0.0132	-15.88	0.0698	0.0699
0.1160	0.1158	-8.81	-0.0112	0.1160	2.900	0.0931	-0.0129	-12.17	0.0931	0.0932
0.0921	0.0917	-10.58	-0.0109	0.0921	2.950	0.1203	-0.0124	-9.34	0.1200	0.1203
0.0740	0.0735	-12.32	-0.0104	0.0740	3.000	0.1508	-0.0122	-7.48	0.1506	0.1508
0.0463	0.0462	-16.61	-0.0092	0.0462	3.100	0.2236	-0.0088	-3.79	0.2221	0.2238
0.0297	0.0295	-18.06	-0.0065	0.0295	3.200	0.3077	-0.0042	-1.35	0.3056	0.3063
0.0178	0.0177	-24.26	-0.0057	0.0178	3.300	0.3965	-0.0045	-1.12	0.3935	0.3955

图5-37　50ETF期权T型行情报价

隐含波动率	历史波动率	时间价值	内在价值	最新	代码	购<行权价>沽↑	代码	最新	内在价值	时间价值	历史波动率	隐含波动率
0.3103	0.2571	0.0199	0.4060	0.4259	10001773	2.500	10001782	0.0063	–	0.0063	0.2571	0.2952
0.2963	0.2571	0.0224	0.3560	0.3784	10001774	2.550	10001783	0.0086	–	0.0086	0.2571	0.2852
0.2822	0.2571	0.0256	0.3060	0.3316	10001775	2.600	10001784	0.0126	–	0.0126	0.2571	0.2792
0.2691	0.2571	0.0300	0.2560	0.2860	10001776	2.650	10001785	0.0183	–	0.0183	0.2571	0.2742
0.2686	0.2571	0.0388	0.2060	0.2448	10001777	2.700	10001786	0.0275	–	0.0275	0.2571	0.2752
0.2792	0.2571	0.0538	0.1560	0.2098	10001778	2.750	10001787	0.0375	–	0.0375	0.2571	0.2691
0.2747	0.2571	0.0678	0.1060	0.1738	10001779	2.800	10001788	0.0520	–	0.0520	0.2571	0.2681
0.2737	0.2571	0.0863	0.0560	0.1423	10001780	2.850	10001789	0.0699	–	0.0699	0.2571	0.2661
0.2767	0.2571	0.1100	0.0060	0.1160	10001781	2.900	10001790	0.0931	–	0.0931	0.2571	0.2686
0.2757	0.2571	0.0921	–	0.0921	10001791	2.950	10001793	0.1203	0.0440	0.0763	0.2571	0.2716
0.2807	0.2571	0.0740	–	0.0740	10001792	3.000	10001794	0.1508	0.0940	0.0568	0.2571	0.2731
0.2887	0.2571	0.0462	–	0.0462	10001797	3.100	10001798	0.2236	0.1940	0.0296	0.2571	0.2832
0.3013	0.2571	0.0295	–	0.0295	10001805	3.200	10001806	0.3077	0.2940	0.0137	0.2571	0.2998
0.3083	0.2571	0.0178	–	0.0178	10001813	3.300	10001814	0.3965	0.3940	0.0025	0.2571	0.3113

图5-38　50ETF期权T型行情报价基本指标

我们常说，如果股票只有多空一个维度的话，那么期货就有多空和时间两个维度，而到了期权就要再增加几个维度——波动率、时间价值、内在价值、权利方、义务方等进行多维度分析（见图5-38）。期权与股票及期货不一样，买方和卖方的权利及义务不对等，期权的买方最大的损失就是付出的权利金，最大的收益理论上是无限的。期权的卖方会被收取高额保证金，同时最大收益就是买方付出的权利金，最大亏损理论上也是无限的。所以，做好方向判断、做好期权的买方，理论上风险小、收益高。笔者常常采用1/4的仓位，净值就可实现翻倍的愿望。在期权品种上，波动率对期权价格的影响还是很明显的，波动率大，可以类比为股票的估值高，震荡就会剧烈，期权的买方是唯恐天下不乱，越剧烈越对买方较有利。反过来，期权的卖方是巴不得一潭死水，安心收取权利金，波动率下行对期权的卖方越有利。另外，如果行权日股指异动剧烈，也会造成期权内在价值的剧烈波动。期权的非线性、多维度、高杠杆、大波动等特点，要求投资者反应更灵敏、反手更及时，这样才能获得出奇制胜的效果。随着市场对期权产品认知的提高，更多的投资者开始关心50ETF期权的日内交易和趋势交易问题，其实这需要寻找适合自己的交易策略，只有找好交易风险管控，遵守期权操作纪律和稳定自己的盈亏心态，懂得期权合约权利金的时间价值，才能避免选错合约，做对趋势方向。通常情况下，标的50ETF价格波动1%，期权合约价格会波动50～200个点，2019年2月25日2月认购2800合约当日最高涨幅19266.67%已被载入期权史册。总之期权是金融市场的趋势之道，可实现以小博大的愿望。

1.投资入门50ETF期权

一般情况，50ETF期权合约走势与50ETF基金走势高度关联。随着50ETF基金价格上涨，认购合约数目上涨，认沽合约数目下跌；50ETF基金价格下跌，认购合约数目下跌，认沽合约数目上涨。50ETF期权的交易就是50ETF基金权利金的交易，其价值由时间价值和内在价值组成。简单说内在价值就是50ETF基金价格与其合约的行权价格之差，相对合约价格超过内在价值的那部分价值就是时间价值，且会随行权日的临近而逐步衰减完毕。上交所规定50ETF期权交易单位是张，1张等于10000份合约价格，买入期权合约相当于买入50ETF基金的权利金，涨就赚钱，跌就亏钱，实行T+0交易制度。合约行权时间是每个月的第四周的星期三，离行权日越近，虚值合约价格越便宜，杠杆（50ETF基金价格÷合约价格）越高，是以小博大的较佳时机。在行权日以虚值合约作废实值合约行权终结合约交易。值得注意的是短线价差操作应选择当月波动大、成交活跃、时间价值偏低的轻度虚值认购或认沽合约，且在行权日一周前价格稳定在0.0500以上的合约，每天操作1～3波最佳，设置严格的止盈止损位。

50ETF期权基本操作须知：

理性看待市场。我们应该学会分析标的50ETF基金的价格趋势，以促使购买的虚值合约变成最后的实值合约为宗旨，不轻易开虚值合约，理性地开展期权交易，及时止盈止损。尽量不扛单，尤其是虚值合约，因为虚值合约只有时间价值，时间价值固定流失，对买方来讲是一个劣势。一旦出现连续下跌的情况，变成深虚合约后，必须要有非常大的涨跌幅，才能发挥高杠杆效应，回追利润空间。

注意波动率和时间价值的影响。波动率的涨跌跟权利金波动相伴而生。前期波动率一直处于高位，期权价格也处于不合理的高价，波动率回归理性下降，时间价值也会随波动率的下跌而被卖方收割。对于期权交易，买方是做多波动率，卖方则是做空波动率。选择在市场趋势出现后稍偏左侧交易，期权费成本较为便宜、合理。

根据自身的风险承受能力和实际条件，选择不同的交易策略。比如有时间盯盘就可以选择轻度虚值或平值合约快进快出的日内交易策略，做到亏损少补仓，盈利可加仓，利润来移仓的投机和开仓备兑模式。如果没有太多的时间，可以选择时间价值占比在10%以内的实值合约，设置好止盈止损较为合适。对买方来说，通常投入期权的资金不超过金融资产的5%，首次下单在1%～5%，一切顺势而为，不轻易抄底，也不轻易摸顶，当持仓和标的方向相反时，严格地设置止损是非常有必要的。记住应顺势加仓，如果期权已经盈利5倍以上时，要做到适时移仓，实现利润的最大化。

期权投资律诗：

实值合约，做趋势，扛震荡，设止损，亏损少补仓，盈利可加仓；

平值合约，做日内，不扛单，快进出，盈利及时走，利润靠移仓；

虚值合约，轻仓位，纯博弈，高风险，机会天天有，扛单毁一生。

2. 50ETF期权交易权限分类

50ETF期权投资标的是50ETF基金。由于期权存在认购、认沽两个方向，又存在4个交割月份(当月、下月以及随后2个季月)，每个月份又包括5个行权价，其中平值(行使权利对买卖双方都无意义的状态)1个、实值(行使权利买方可盈利的状态)2个、虚值(行使权利买方会造成额外损失的状态)2个，共40个合约。而当50ETF价格发生较大变化且超过5个行权价时，需要加挂新的实值或虚值合约，因此实际可交易合约远多于40个。出于保护中小投资者以及维护市场稳定的考虑，上交所设定了严格的期权投资者适当性门槛以及限仓制度。规定投资者要能跨过50万元的资金门槛，拥有融资融券及金融期货交易经验，再分别参加一、二、三级期权资格考试，获得相应的期权资格。新开立合约账户的单个投资者权利仓持仓限额为20张，总持仓限额为50张，单日买入开仓限额为100张，随着交易量、自有资金和资格等级的提升，相应增加期权合约开仓和持仓的规模比重，这一点投资者需要注意，以免影响当日交易进程。目前，一级投资人资格仅拥有备兑开仓权限；二级投资人资格在一级投资人资格的交易权限基础上即可进行买入开仓与卖出平仓（持有权利仓）；三级投资人资格在二级投资人资格的交易权限基础上可进行卖出开仓和买入平仓（持有义务仓）。

3. 50ETF期权各级投资人交易技巧

50ETF期权各级投资人应结合对50ETF实际走势的判断，在交易策略层面分析50ETF期权的实际操作技法。

（1）一级投资人期权投资技法。当前一级投资人只能进行备兑开仓交易（见图5-39）。所谓备兑开仓，即投资人在拥有50ETF基金的仓位时，可以卖出相应数量的认购期权，一般来说卖出期权需要收取保证金，但由于备兑开仓使用百分百的现券担保，不需要支付保证金，反而可以收取权利金。备兑开仓的目的在于降低成本。如果投资人拥有50ETF，但预期未来上涨可能性不大，也不会出现大幅下跌，此时可以通过锁定50ETF基金卖出认购

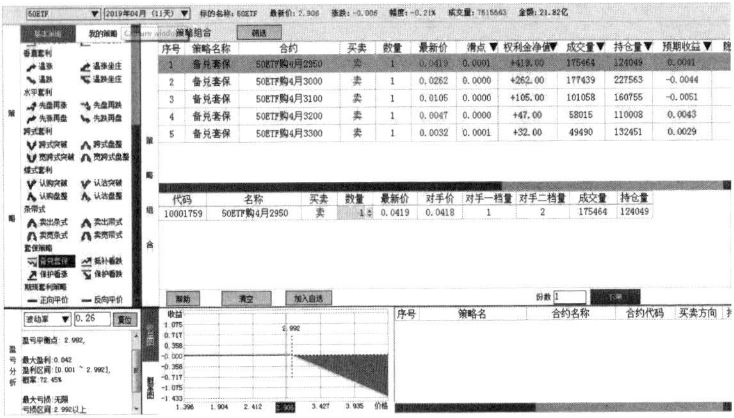

图5-39　50ETF期权备兑开仓策略

期权获得权利金，抵消部分购买50ETF的成本，降低整体仓位的持有成本。一般而言，投资人可选择平值或适度虚值的合约，通过备兑平仓快速获取收益。同时，也可考虑以备兑平仓行权调整策略，现实行权价向上或向下转仓，调整盈亏平衡点，以此来管理期权收益与管控风险。这样的调整是以投资者对50ETF走势的预期为基础，向上转仓在收益潜力扩大的同时，对下跌的保护却变得更弱。相反，向下转仓虽然降低了盈亏平衡点，对标的证券的保护加强，但是潜在盈利降低。由此可见，备兑开仓策略是预计证券价格变化较小或者小幅上涨时才应采取的策略，在预计行情大幅上涨或者大幅下跌时都不应该采取此策略。投资者在应用备兑开仓策略之前，必须对标的证券的走势进行理性的分析和正确的判断。

一级投资人可使用的另一种备兑策略是保护性认沽策略（见图5-40），即在持有现货的同时保护性开仓买入认沽期权。可以

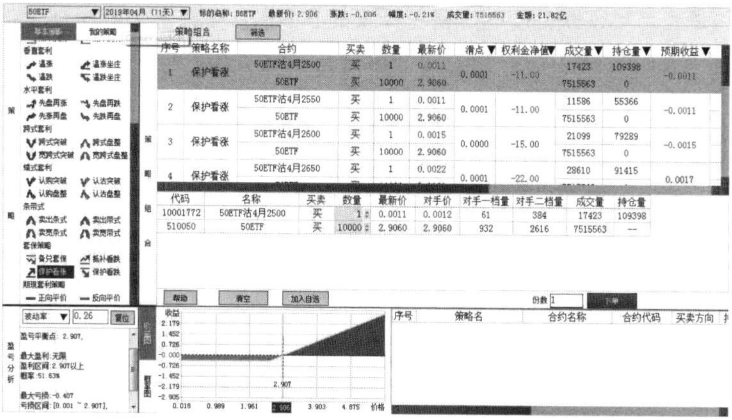

图5-40 50ETF期权保护性认沽策略

看到，在实施保护性认沽策略后，市场下跌对持仓的损失已被认沽期权有效控制，而如果到了行权日市场大涨，持仓依旧可以取得收益，但会损失掉购买期权的权利金部分。一般而言，投资人选择近2个月到期的轻度虚值认沽期权，以风险技术指标（见图5-41）Delta中性头寸匹配的做多或做空波动率保险策略，实现认沽期权的展期或向上转仓，即将原认沽期权平仓，再买入行权价较高的认沽期权，保护其浮动盈利。在实际操作过程中，交替或叠加使用备兑开仓策略和保护性认沽策略，也可以降低投资者的保险成本。尤

行情 指标 风险 信息 合约选择：50ETF 2019年05月（39天） 标的名称：50ETF 最新价：2.906 涨跌：-0.006 幅度：-0.21% 成交量：7515563 持仓量：--

Vega	Theta	Gamma	Delta	最新	代码	购<行权价>沽↑	代码	最新	Delta	Gamma	Theta	Vega
0.0671	-0.1841	0.2821	0.9691	0.4259	10001773	2.500	10001782	0.0063	-0.0309	0.2821	-0.0746	0.0671
0.1009	-0.2232	0.4240	0.9490	0.3784	10001774	2.550	10001783	0.0086	-0.0510	0.4240	-0.1115	0.1009
0.1427	-0.2706	0.5998	0.9202	0.3316	10001775	2.600	10001784	0.0126	-0.0798	0.5998	-0.1568	0.1427
0.1907	-0.3239	0.8014	0.8816	0.2860	10001776	2.650	10001785	0.0183	-0.1184	0.8014	-0.2078	0.1907
0.2413	-0.3788	1.0144	0.8323	0.2448	10001777	2.700	10001786	0.0275	-0.1677	1.0144	-0.2606	0.2413
0.2902	-0.4303	1.2199	0.7726	0.2098	10001778	2.750	10001787	0.0375	-0.2274	1.2199	-0.3098	0.2902
0.3325	-0.4726	1.3974	0.7040	0.1738	10001779	2.800	10001788	0.0520	-0.2960	1.3974	-0.3500	0.3325
0.3637	-0.5010	1.5287	0.6285	0.1423	10001780	2.850	10001789	0.0699	-0.3715	1.5287	-0.3762	0.3637
0.3809	-0.5122	1.6009	0.5491	0.1160	10001781	2.900	10001790	0.0931	-0.4509	1.6009	-0.3852	0.3809
0.3826	-0.5051	1.6083	0.4692	0.0921	10001791	2.950	10001793	0.1203	-0.5308	1.6083	-0.3759	0.3826
0.3696	-0.4807	1.5533	0.3917	0.0740	10001792	3.000	10001794	0.1508	-0.6083	1.5533	-0.3493	0.3696
0.3086	-0.3930	1.2973	0.2546	0.0462	10001797	3.100	10001798	0.2236	-0.7454	1.2973	-0.2572	0.3086
0.2250	-0.2824	0.9459	0.1507	0.0295	10001805	3.200	10001806	0.3077	-0.8493	0.9459	-0.1423	0.2250
0.1451	-0.1802	0.6098	0.0815	0.0178	10001813	3.300	10001814	0.3965	-0.9185	0.6098	-0.0357	0.1451

图5-41 50ETF期权T型行情报价风险技术指标

其是当市场下跌幅度超过备兑开仓的收入时，备兑卖出者出现了损失，此时其手中持有的认沽期权替备兑开仓挽回了相当一部分损失，消除了下行的潜在风险。最后，一级投资人的备兑开仓和保护性买入看跌期权交易策略归纳总结见表5-8。

表5-8 一级保守投资人的备兑开仓和保护性买入看跌期权交易策略

组合	行情判断	风险与报酬	平衡点	利润
保护买入Put +股票	看涨	亏损=股票买入价格-行权价+期权费	股票买入价格+期权费	标的股票升值-期权费
备兑卖出Call+股票	盘整	利润有限，亏损很大	股票买入价格-期权费	期权费-（股票买入价-行权价）

（2）二级投资人期权投资技法。二级投资人可在一级投资人的交易权限基础上进行买入开仓与卖出平仓的操作。例如假设目前50ETF的价格为2.906元/份，当投资者预计50ETF价格将在当月出现上涨时，便可以选择当月到期的50ETF认购期权(若买入合约单位为10000份、行权价格为2.8元、当月到期的50ETF购5月2800期权一张，而当前期权的权利金为0.1738元，就需要花1738元的权利金)，此时称之为“买入开仓”。倘若50ETF的价格在合约到期日之前已涨到3元/份，该投资者可以继续保留或按照市价提前将该期权卖出，此时称之为“卖出平仓”，获取权利金的差价收入。待合约到期后，假如50ETF最新价格为3元/份，该投资者可以行权获利约2000元，减去权利金1738元，预计可获得利润262元。当然，倘若50ETF在到期后价格为2.60元，远低于行权价2.8元，此时投资者可以直接以2.75元的价格在市场上买到更便宜的50ETF，因此该期权无效，投资者损失1738元权利金。若在行权日前某天50ETF大

涨，期权价格涨到0.25元，则可提前平仓卖出，合约收益率为43.5%（见图5-42）。

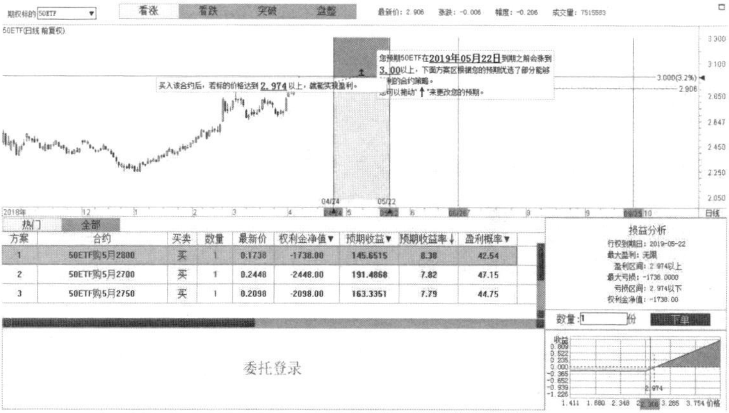

图5-42　买入50ETF购5月2800期权合约收益预测

在作出开仓买入认购或认沽期权合约前，对50ETF的趋势方向判断分析很重要，一般采用5分钟K线、30分钟K线和20日均线作为交易主图分析。当30分钟K线突破20日均线时向上做多，向下做空。就短线而言，卖空或买入时要紧盯5分钟K线图、30分钟K线图，看整体趋势是否存在逆转状态，如果有逆转迹象，得交替看1分钟K线，看是否出现了多空力量集体较量平衡迹象。如大量出现十字形K线形态，则意味着随时可能会发生逆转。如5分钟K线已经逆转了方向，应选择1分钟K线低价位或高价位及时开仓买入。如击破30分钟K线后，20日均线又击穿5分钟K线支撑位，应及时止损平仓卖出。因为均线捕捉的是趋势行情，一开始要开轻仓，等一段时间趋势确立后，就应加仓。成交量PCR更多的是反映市场的近期波动，一般认为合理的范围在0.7～0.9之间，投资者市场情绪较为中性。持仓量PCR，则用来判断市场情绪，是一个反映未来方向趋势的指标。如果持仓量PCR超过1.5，意味着市场购买看跌期权的数量多于看涨期权，显示市场中看空后市的投资者居多；反之，如果持仓量PCR低于1.3，说明市场中购买看涨期权的数量多于看跌期权，显示看多后市的投资者居多。如果看跌看涨比率攀升至极端高位处于超卖状态，是买入信号；如果数值处于极端低位，则是一个负向警告信号，表明市场可能已处于超买状态，是卖出的信号。

认沽期权与认购期权交易方向相反，如果投资者预计近期上涨概率较小(看空)，可以平仓卖出行权价高于当前股价的认购期权，获取权利金，转为选择开仓买入适度虚值的低行权价的认沽期权合约进行杠杆性看空交易，可规避价格下行风险。例如选择买入当月到期的50ETF沽5月2750期权一张，当前期权的权利金为0.0375元，需要花375元的权利金。倘若50ETF的价格在合约到期日之前下跌到2.60元/份，投资者可以行权获利约1500元，减去权利金375元，预计可获得利润1125元。该合约从虚值变为实值，此时投资者可以继续保留或按照市价提前将该期权卖出，获取权利金的差价收入。若在行权日前某天50ETF大跌，认沽期权价格涨到0.30元，则可提前平仓卖出，合约收益率为700%。当然，倘若50ETF在到期后价格超过2.75元，期权无效，投资者损失375元权利金（见图5-43）。

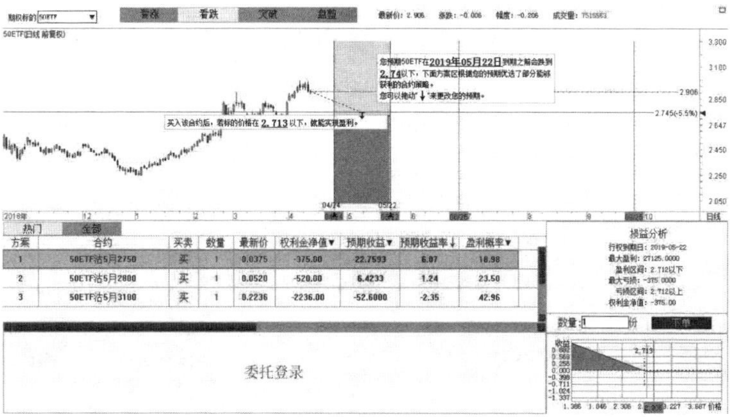

图5-43　买入50ETF沽5月2750期权合约收益预测

二级投资人也可以构建期权组合来应对标的资产将发生的大幅度波动，但是不能确定方向，这样就可构建买入勒式组合（也称为“买入宽跨式组合”）。一般构建买入认沽期权的行权价较低，买入认购期权的行权价较高的组合，其构建成本更低，在标的资产后续大幅上涨或下跌时均可获利，即我们的风险都具有上限，而收益没有上限，关键是要把握住对后市波动幅度的潜在要求范围。如图5-44所示的买入勒式组合在突破标的价格区间（2.32 ~2.98元）时能实现盈利。如无法突破，则损失的权利金为1801元。

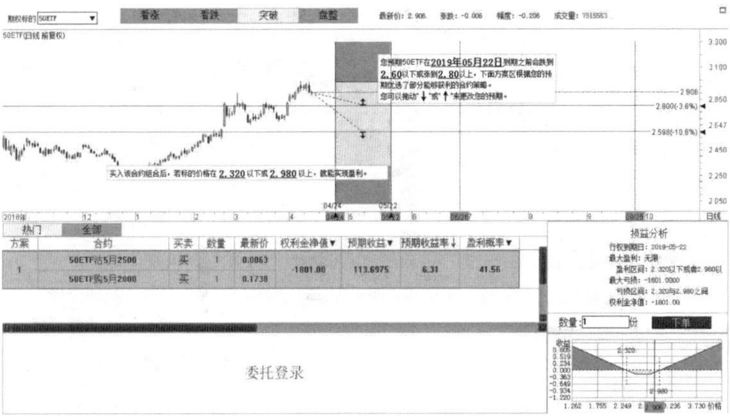

图5-44　买入勒式组合收益预测

（3）三级投资人期权投资技法。在上交所的投资者适当性管理指引里，具有三级交易权限的个人投资者、普通机构投资者和专业机构投资者可以进行保证金卖出开仓，比如单纯地卖出看涨期权或单纯地卖出看跌期权等。上交所之所以对裸卖出期权进行限制，是因为裸卖出期权是风险比较大的操作，一旦交易人判断错方向却一直持仓到行权日，那么他所承担的风险将是无限大。上交所为三级投资人建立了保证金交易结算制度：

认购期权义务仓开仓保证金=[合约前结算价+Max(12%×合约标的前收盘价-认购期权虚值，7%×合约标的前收盘价)]×合约单位。

认沽期权义务仓开仓保证金=Min[合约前结算价+Max(12%×合约标的前收盘价-认沽期权虚值，7%×行权价格)，行权价格]×

① 注：期权保证金公式表达是正确的，是函数选择性表述。

合约单位。

认购期权义务仓维持保证金=[合约结算价+Max(12% × 合约标的收盘价-认购期权虚值，7% × 合约标的收盘价)] × 合约单位。

认沽期权义务仓维持保证金=Min[合约结算价+Max(12% × 合标的收盘价-认沽期权虚值，7% × 行权价格)，行权价格] × 合约单位。

如果投资者通过了全部三级考试，则其可在二级投资人的交易权限基础上进行卖出开仓和买入平仓（持有义务仓）的操作。在交易策略层面，除了买入看涨期权、卖出看涨期权、买入看跌期权、卖出看跌期权4种最基本的策略外，投资者可以用基本策略来构建或激进或保守、或看涨或看跌或看横盘的各种策略，如牛市认购价差期权、熊市认购价差期权等构成期权交易最常用的6种基本策略（见表5-9）。策略的灵活多样使私人定制从此成为可能，交易策略大幅增加。具体技巧会在下一节中详谈。

4. 决战50ETF期权

（1）选择期权基本策略技法（见图5-45～图5-50）。

如果交易者预期标的资产能够快速大幅上涨并超过某点位，那么可以选择买入以该点位为执行价格的虚值看涨期权，因为虚值看涨期权会相对比较便宜，发挥的杠杆效应大。如果预期标的资产仅会小幅上涨，那么为了实现利润最大化，可以选择买入实值看涨期权，因为实值看涨期权的Delta较大，期权价格的弹性更大。相反，如果交易者预期标的资产价格会快速剧烈地下跌，且有信心一定跌破某价位，则可以买入虚值看跌期权。如果小幅下跌，可选择买入平值或实值看跌期权。如果交易者预期标的资产

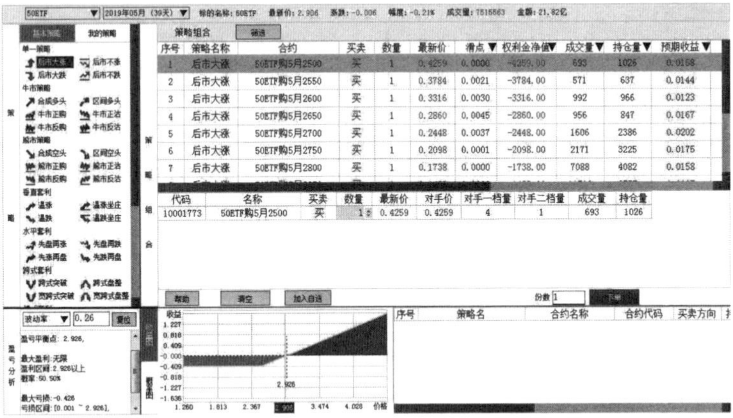

图5-45　后市大涨买入看涨期权

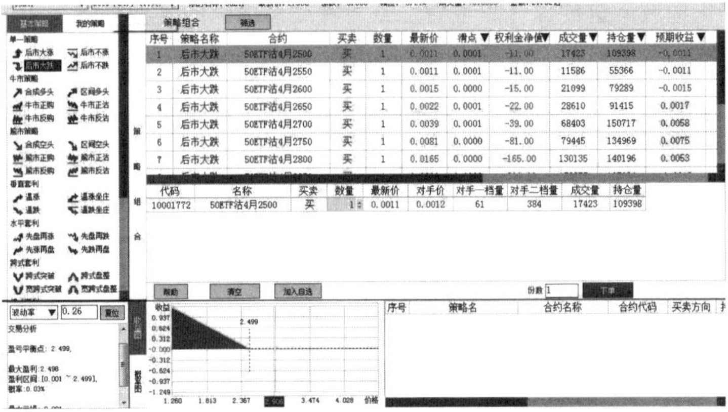

图5-46　后市大跌买入看跌期权

进入盘整，后市不会大跌，为了获得权利金和留住标的物，应选择标的资产价格在期权到期时至少能够上涨超过某价位为执行价格的实值卖出看跌期权，且应尽量选择距当前最近的到期月份，这样标的资产价格就没有时间再变回实值期权。如果投资者无法判断市场是涨是跌，但认为经过前期暴涨，市场波动率继续保持高位，预期后市不会有大涨，进入盘整看跌状态，那么为了取得权利金和改善持仓结构应选择标的资产预期下跌位为执行价格的实值卖出看涨期权，且应尽量选择距当前最近的到期月份的跨式策略进行交易。资金有限的投资者应避免卖出无对应标的物头寸的看涨期权。

表5-9　期权交易6种基本策略

组合	行情判断	风险	平衡点	利润
买入Call	看涨	利润无限，亏损有限	行权价＋期权费	股价－行权价－期权费
买入Put	看跌	利润无限，亏损有限	行权价－期权费	行权价－股价－期权费
卖出Pull	后市不跌，盘整微涨	利润有限，亏损=行权价－标的价+期权费	行权价－期权费	期权费
卖出Call	后市不涨，盘整微跌	利润有限，亏损=标的价－行权价+期权费	行权价＋期权费	期权费
牛市认购期权价差	温和看涨	净支付权利金	较低行权价＋净权利金	行权价之差－净支付权利金
熊市认购期权价差	温和看跌	行权价之差－净权利金	较低行权价＋净权利金	净收入权利金

当投资者对未来行情适度看涨时，或者希望以较低的成本来获取标的资产上涨收益时，可使用牛市认购价差策略。牛市认购价差策略通过买入较低行权价的认购期权，同时卖出较高行权价、相同到期日的认购期权来构建认购买平卖虚、买低卖高支出型价差组合策略。当标的股票价格跌破较低的执行价格时，这一

价差通常会产生很大的亏损，所支付的净费用将全部损失。其最大利润通常发生在标的股票价格高于较高的执行价格时。投资者执行买入看涨期权，以较低的执行价格买入股票，然后在较高的执行价格，期权被执行时卖出股票。当投资者对未来行情温和看跌，或者希望即使标的价格横盘不动也能获得收益时，可以使用熊市认购价差策略。通过买入较高行权价的认购期权，同时卖出较低行权价、相同到期日的认购期权来构建虚值认购、买高卖低收入型价差组合策略。当标的价格横盘不动或者温和下跌的时候，投资者的最大收益即为策略构建时的净权利金收入；而当标的价格的变动与预期方向相反，并超过较高行权价时，两个期权都以实值状态到期，投资者可以选择以较高行权价买入标的，并在较低行权价被行权的时候卖出标的，此时投资者出现的亏损有限，亏损即为两个行权价的差额与净权利金之差。当标的价格处于两个行权价之间的时候，策略收益也处于收益与损失之间。在标的价格处于盘整过程中出现短暂回撤或反弹，可以进行牛市认购价差策略与熊市认购价差策略的互换操作。

所谓“大幅震荡买跨式，小幅盘整卖跨式”，笔者的理解是在大震荡市场中使用买入宽跨式或勒式策略（见表5-10），能够使得投资者在标的资产价格大幅上涨和大幅下跌的情况下都能从中获利，无论标的资产的价格走向如何，作为买方的投资者的风险都具有上限，而收益没有上限。因此，当预计标的资产的价格会有强烈波动时均可获利。而当投资者判断未来一段时间内，标的证券的价格不会大幅上涨也不会大幅下跌时，可以使用卖出宽跨式或勒式期权的盘整策略，这样就能获取卖出期权的收益，并且是两份收益。

此项策略主要应用在转折期震荡市场期权波动率的保护作用，当隐含波动率上升时卖出宽跨式或勒式期权可避免损失，买入宽跨式或勒式期权可增加收益；当隐含波动率下降时，则作相反处理。转折震荡期宽跨式期权投资策略特征见表5-10。

表5-10 转折震荡期宽跨式期权投资策略比较

策略	买入宽跨式期权策略	卖出宽跨式期权策略
组合方式	以较低行权价买入看跌期权，较高行权价买入看涨期权	以较高行权价卖出看涨期权，较低行权价卖出看跌期权
使用范围	后市方向不明确，波动性增大，只要价格波动超过高平衡点或低于低平衡点，就可以盈利	预计价位波幅收窄，波动率下跌，形成楔形、三角形或矩形走势，到达平衡点较慢，应进行长线买卖
平衡点	高平衡点=高行权价+总权利金 低平衡点=低行权价-总权利金	高平衡点=高行权价+总权利金 低平衡点=低行权价-总权利金
最大风险	支付的全部权利金随时间损耗，对部位不利	价格高于高平衡点，损失=期货价格-高行权价+权利金 价格低于低平衡点，损失=低行权价-期货价格+权利金
最大收益	上涨，收益增加，收益=期货价格-高行权价-权利金 下跌，收益也增加，收益=低行权价-期货价格-权利金	所收取的全部权利金
履约部位	上涨履约多头，下跌履约为空头	上涨履约为空头，下跌履约为多头
优点	多头或空头虚值宽跨式套利权利金少，如市场发展为单边市，则杠杆作用比较大	

蝶式期权策略是一种高盈亏比、高杠杆的策略，适用于标的证券价格在一定范围内的波动预期中性情况。如看空后市波动率选择买入蝶式期权，在行权价之外的多头能保证标的价格往两个方向变化时风险较为有限，卖出蝶式期权的情况则相反。与宽跨式期权组合相比，这是一种较为保守的策略。如果标的价格在一定范围内变动，运用该策略就能够获利，且最大收益出现在标的价格行权价附近，风险有限，盈利有限。具体转折震荡期蝶式期权投资策略特征见表5-11。

表5-11　转折震荡期蝶式期权投资策略比较

策略	买入蝶式期权策略	卖出蝶式期权策略
组合方式	方式1：买入一份低行权价的看涨期权，卖出两份居中行权价的看涨期权，再买入一份高行权价的看涨期权 方式2：买入一份低行权价的看跌期权，卖出两份居中行权价的看跌期权，再买入一份高行权价的看跌期权	方式1：卖出一份低行权价的看涨期权，买入两份居中行权价的看涨期权，再卖出一份高行权价的看涨期权 方式2：卖出一份低行权价的看跌期权，买入两份居中行权价的看跌期权，再卖出一份高行权价的看跌期权
使用范围	对市场价格不发生较大波动，力争在一定波动幅度内获得收益，且超出既定波动幅度时面临的亏损也有限	适合市场价格可能发生较大向上或者向下突破波动时获取收益，但又不愿支付买入跨式期权那么多的权利金，节省预测错误所承担的损失。
平衡点	高平衡点=居中行权价+最大收益 低平衡点=居中行权价－最大收益	高平衡点=居中行权价+最大风险值 低平衡点=居中行权价－最大风险值
最大风险	净权利金	居中行权价－低行权价－净权利金
最大收益	居中行权价－低行权价－净权利金	净权利金

（2）波动率与交易策略选择。

无论是买入期权还是卖出期权，在制定一个期权策略的时候，没有经验的交易者经常会忽视波动率，这可能与对波动率的认识不足有关。Vega是衡量期权价格对标的物价格波动率敏感性的指标，它与Delta同时作用于期权的价格，有时相互抵消，有时相互叠加。若是正的Vega，就要做多波动率，负的Vega则要做空波动率。如果你做多波动率，并且标的资产价格的隐含波动率真的上升了，就会有浮盈，但如果隐含波动率下降了，就会遭受损失。做空波动率则呈现相反状况。

挑选期权策略的基本流程：

第一步，应对标的资产的价格运行方向有一个判断，要么看涨、要么看跌、要么看横盘，这考验着投资者对股票、指数、期货等标的的分析水平。

第二步，应对标的资产价格的隐含波动率变动方向有一个预期，是上升、下降还是不变。50ETF波动率一般在20日均线2倍标准差间震荡。

第三步，选择策略类型。表5-12根据不同场景列出了可用的策略类型，比如，如果预期标的资产价格会上涨且隐含波动率会上升，就可以考虑买入看涨期权，或者选用看涨期权牛市认购价差策略等。

第四步，选择合适的执行价格与到期月份。

第五步，随着行情演进，做好止盈止损和策略的平滑调整。

表5-12 不同场景下的期权策略

标的方向	预期隐含波动率上升	中性	预期隐含波动率下降
熊市	买入看跌期权	卖标的物/卖出类合成标的	卖出看涨期权
	熊市看跌价差		熊市看涨价差
	卖虚值看涨期权蝶式价差/卖实值看跌期权蝶式价差		买实值看涨期权蝶式价差/买虚值看跌期权蝶式价差
中性	买跨式/宽跨式	观望	卖跨式/宽跨式
	卖平Call/Put蝶式价差		买平Call/Put蝶式价差
牛市	买入看涨期权	买标的物/买入类合成标的	裸卖出看跌期权
	牛市看涨价差		牛市看跌价差
	卖实值看涨期权蝶式价差/卖虚值看跌期权蝶式价差		买虚值看涨期权蝶式价差/买实值看跌期权蝶式价差

综上所述，期权市场就如战场，想要在期权这个战场上克敌制胜，必须在入市前充分了解期权的基础知识和各种交易策略，熟悉期权市场的交易规则和独有特点。同时，根据自己的专业知识、持仓、风险承受能力、资金配比等因素，明确自己的交易目的是保险、投机还是套利？在制定相应的期权策略后，耐心是制胜法宝，一旦看准交易机会，就应马上出击，当机立决。在期权战场上，买方最大的敌人是时间流逝，最好的朋友是波动率；而卖方最大的敌人是波动率，最好的朋友是时间流逝，两者正好相反。剩下的就是流动性为王，如果缺乏流动性，投资者可能面临无法开仓或者平仓的风险。快速止损是投资者在进行期权交易时必须牢记的准则，应提前确定止损点，一旦价格变动触及止损点，一定要马上平仓，不要寄希望于标的物再反向回来；应按计

划分批平仓保住盈利，不要过于贪婪。比如在价格上涨50%时平掉1/3仓位，价格涨1倍或2倍时再平掉1/3合约，从而在收回本金的同时获得大部分账面利润，再以剩下的少量持仓淡定地等待未来更大的收益。在转折处的熊市不言底，不要轻易卖出看跌期权，一旦发现标的物走势不利，应及时平仓。总之，投资者必须要学会先分析再交易的技巧，并借助软件（如汇点财富期权交易软件）关注核心指标来选择交易策略。首先要用以波动率计算的期权理论价值判断期权合约是被高估还是低估了。通常，Delta越大对期权的买方越有利。再比较不同期权合约或者组合持有到期的获利情况，选择获利概率高的期权，并研究设置合适的止盈止损点，这样就可以在期权市场里一战成名。

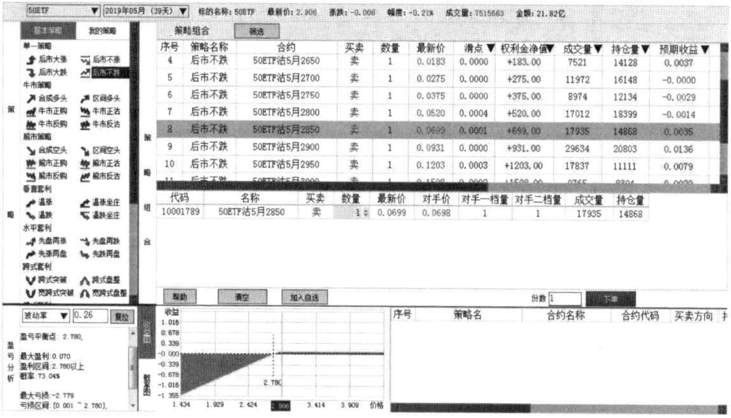

图5-47　后市不跌卖出看跌期权

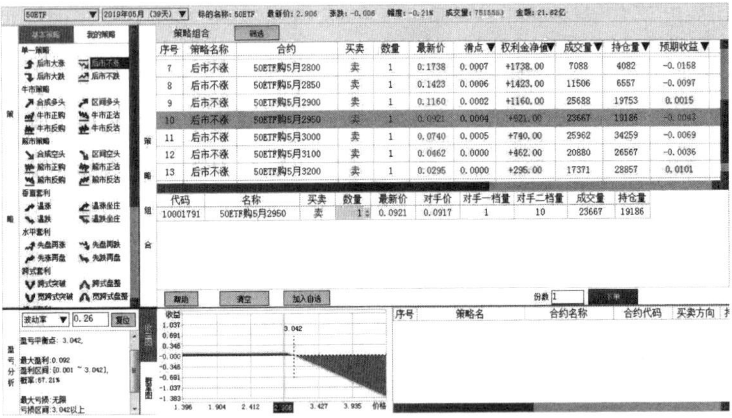

图5-48 后市不涨卖出看涨

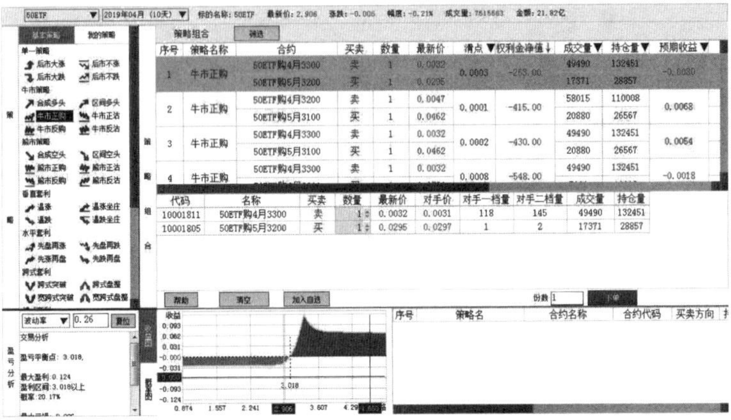

图5-49 牛市认购价差策略

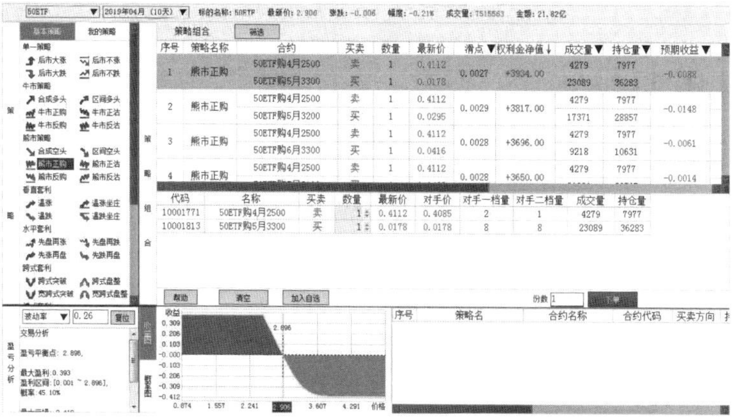

图5-50　熊市认购价差策略

第七章

趋势之道——大道至简

有好的心态，炒股才能盈利。炒股的时候要注意调整心态，不要股票涨了就高兴，股票跌了就无精打采，炒股最重要的就是经得起涨跌的起伏，放平心态，做到心静如水才能理智地分析和看清股票涨跌走势。下面告诉大家大道至简的心法：

如果你是心随股价波动而动的股民，股票对你来讲就是把双刃剑，时而带给你快乐，时而带给你烦恼。你对股价的敏感程度最高，受影响程度也最大，股价一动你就乱了方寸，每次盈利都急于获利了结，每次亏损都心存幻想，最终导致小盈而大亏。

如果你是心不动，任凭股价波动的股民，基本上你对股市有自己的理解和判断了，你已经踏入了股市的正确之门，市场对你的影响变得很小，这个时候你的决策更客观，迈入了持续盈利的大门。你需要做的就是完善自己的交易方法和思想，使得交易系统程式化。

如果你是用心配合着股价波动的股民，你的思想已经有了一定的境界，明白了判断分析的极致不过是简单的哲学的开始，因为股市永远都是对的，所以我们只能配合，在正确的时间里做正确的事，赚市场留给你的那一部分。

如果你是用心导演着股价波动的股民，就不能称之为“散户”了，市场有这样的人，但很少。

1. 不要把希望寄托给别人

如果在高位套住了，一定要自己把握分寸，进行自救，不要坐等别人或者国家来解救，一定要有自己的止损点，并且严格执行，执行也有可能会出现短线错误，但严格执行了可以控制损失的扩大。

2. 不要有攀比的心理

本来已经按照事先拟订的计划兑现了盈利并将资金撤至场外，却仅仅由于偶然听到了某某朋友或同事近期的投资盈利状况，便立刻变得冲动，这种在非理性情绪主导下的投资行为自然只会是输多赢少。

3. 不管你账面浮盈有多少，那都不值得高兴

投资最重要的不是你一次能够赚取多少，而是你能不能稳定地获利，长久地立足生存，不是今天赚的明天又还给股市，中途赢多少都不算，散场才是最后结账的时候。

4. 下跌之时，要坦然面对

不要恐惧，也不要悲观。虽然跌势中投资者很难赚到钱，甚至还会出现亏损，但世界上没有只跌不涨的股市，涨涨跌跌其实是股市里最正常不过的事情，这正如潮起潮落，是一种自然现象。因此，面对下跌市道，股民没有必要认为股市从此一蹶不振，故而惶惶不可终日。其实，股市下跌，风险也就释放了，正好可趁低建仓，甚至越跌越买。如果你再掌握一些积极的自救方法，那么你离解套甚至赚钱的日子就不远了。

5. 上升之时，不盲目乐观

主要表现为在行情上升时不盲目追高。在股价涨到一定的高度时，要注意适量地减仓，做好仓位控制工作，以回避可能出现的下跌风险。

6. 学会调整情绪

很多股民遇到大阴线就急得像热锅上的蚂蚁，在慌乱中不计成本地出逃，本可稳一稳，正是因为情绪把握不好，一见大盘尾市拉起又追，结果左右挨耳光。其实遇到调整，应冷静思索调整后会怎样，是创新低，还是会重拾升势，你越往好处想，心境就越开阔。

7. 不要把股市当成全部

很多股民以为股市就是自己的全部，却不知道除了股市以外还有家庭，还有工作，还有社会交往与其他生活。当股票难做的时候，应该把更多的时间放在股市以外的地方，而不是整天游荡在股市中，荒废了其他。

8. 对炒股要有兴趣和自信

无论是炒股还是工作，要想将其做好都要有足够的兴趣。只有在浓厚的兴趣支持下你才会尽力去收集相关资料，然后认真学习技术战法，这是炒股最基本的条件与心态。

股票短线操作讲究的是“快、准、狠”，这是投机高手的绝技。初入股市的股民要调整好自己的心态，保持自信的状态，打破“不可能做到”的壁垒。

9. 让恐惧远离，贪婪走远

股市大起大落，股民不仅仅要学会如何抓住时机赚钱，更重要的是要学会放手，克服贪婪心理。至于克服恐惧，则需要具备足够的技术方法，心里有底自然就不再担心股市浮沉。

10. 空仓也是一种操作

股市规律难以捉摸，学会看淡空仓和忍耐，才能在时机出现的时候抓住，获得丰厚的回报。只有在行情差的时候学会控制仓位，才能在行情变好的时候占据主动权。

大道至简的心法——顺势、低吸、高抛。顺应大盘趋势，关注成长景气行业，在上升趋势K线上操作，低吸后再高抛。其核心思想是解读政策内涵，梳理市场脉络，把握市场主流，透析主力意图，开启盈利密码。有人说“投资股市需要凭借奇迹、运气、天赋和能力”，此话确实不假，这种投资者往往只不过是市场的过客，远远称不上是合格的投资家，只有顺应资本市场潮流趋势，思考财富人生价值，做足长期财务规划的有胆识的投资者，才能在多轮牛熊转换行情变幻中克服恐惧和贪婪，做到知行合一，成为真正称得上进入投资最高境界的投资家。为什么做交易的人95%要被市场打败出局？做趋势的人多数死在震荡、做盘整的人多数死在趋势、靠消息的人多数死在新闻、靠主观的人多数死在感觉、没方法的人多数死在乱做，还是以一句话来解析，大道至简的心法——顺势、低吸、高抛。一个成功的投资者的基本功一般由本书所讲的均线、换手率、KDJ、形态、战法五部分组合而成，这五部分是成功操盘实战的基石。在投资思维上，技术从属于策略，策略从属于战略，战略最终从属于信念和价值观。投资失败和成功的程度，技术的影响其实很小，策略的影响有限，大部分结果取决于投资战略是否正确和基本信念的牢靠程度。股民应放弃侥幸心理，按规则顺势而为，才能抓到长线大趋势机会。从某种意义上说，耐心和信心可以起决定性作用。

股票的价值是股票的基本面和成长性预期的综合判断，股价趋势一旦形成就不会轻易改变，资金的进出能够影响股价的短期运行方向，但改变不了股价的大趋势，它只能起到加速或延缓股价趋势运行的作用，股价还是会按照自己的运行趋势走完全过程。正确的进出场点的选择是决定交易质量高低的关键，因为股市最高的投资境界是：在保证资金安全的前提下，持续稳定地获利。要想在股市中长期生存并获利，只有严格按计划操作，不断地重复成功的操作。记住一句话：财不入急门，只赚能赚到的钱。记住，空头市场不做多： 不加仓、不重仓、不满仓。 多头市场不做空：不减仓、不轻仓、不空仓。在最危险的情况下，谁也看不到我的投资身影，只要我出现，就是市场相对最安全的时候。投资是一个人的修行，要有正确的投资理念，才能让你在正确的道路上越走越远。给你一个牛股十个涨停又能怎么样？稀里糊涂来的收益，也会在你不经意的操作中稀里糊涂地溜走，反复坐牛熊转换的过山车是大部分投资者的切身体会。

短线交易的核心并不在于技术分析本身，这也许与绝大多数市场参与者的想法相悖。短线操作成功的模式基本上可以归纳为追击涨停股、题材投机等几种，这几种成功了的短线模式都不是纯技术分析的，甚至基本上以非技术分析为主。这表明股市上盈利模式已超越了以技术分析为主导的范畴。成功的短线交易者都非常注重宏观变量和基本面对行情的影响，在每天盘前和盘后的分析工作中成功的短线交易者都在殚精竭虑地思考各种基本面因素对市场参与者的影响，同时通过价格行为来反推此前和当下的市场参与者心理。简而言之，人是市场的核心，基本分析和技术分析都是用来帮助我们推断市场参与者心理的。从博弈论和市场竞争本身的角度看，当市场上绝大多数参与者都将焦点放在技术分析上的时候，技术分析能够带来的超额收益就消失了，谁也别想用大多数人已经掌握的东西来获得超越大多数人的绩效水平。股票市场就是一个达尔文机制主导的场所，资源是有限的，要生存下来就必须超过其他竞争者。人无我有，你才能成功，别人忽视的环节就是他们的软肋，避实击虚才能战胜对手盘。从这个角度来看，今天的股票短线操作要想取胜就必须超越技术分析本身，纯技术分析不可能在这个市场上长久取胜。只有超越股价图才能战胜对手盘，超越的路径有两条：第一条路径是定量交易，以定量高频交易最为著名；第二条路径是将技术分析整合进其他手段，比如心理分析和基本面分析等。定量高频交易的名家之一是西蒙斯，他的大奖章基金就是通过数学模型来把握市场中的微小机会，集小胜为大胜，这是技术分析从“经验”走到“科学”的一条康庄大道。对于绝大多数市场参与者而言，这条路非常艰难，因为无论是自身学术造诣还是硬件设备都无法达到要求。也许本书介绍的几种技术分析没有普遍的适用性，很多都是看图说话式的归纳分析，存在不少在某一时期有效的图形和指标，比如在横盘整理中，RSI 等震荡指标就非常有效，而在强势单边上扬中，均线等趋势指标就非常有效。因此，在短线交易中，除了必要的技术分析辅助之外，笔者认为预期、资金流向和仓位是最为核心的三个要素，是我们从事短线交易时要重点关注的三个要素，这不仅是逻辑推导的结论，更是身边众多短线高手证明了的事实。在短线交易中，股价的走势最为直接的触发因素是市场参与者的预期，以及由此而带来的资金流向。如果仅仅依靠跟随的策略往往容易掉进游资布下的陷阱中，善于揣摩市场参与者的心理状况和预期，就能决胜于千里之外。有道无术，术可尚求，有术无道，止于术。大道至简就是股市投资的趋势之道。

后记

我们一生都会经历数次经济的增长、衰退、停滞和危机，对于未来生活的看法总是从乐观的高峰跌落至悲观的深渊，又在某种契机下重新燃烧起希望，如此循环往复的经济波动就是经济周期。市场经济变化多端，唯一不变的就是其变化的周期性，经济学家们研究它，政治家们试图熨平它，而企业家们如果不能善于利用它来做大自己的企业，就会被它所吞噬。当今中国经济和金融周期已经从上行转入下行，经历了明显的产能过剩、投资增速下滑、股市全面走熊的阶段，如何才能正确判断和面对由旧格局向新周期切换的转折周期呢？通过阅读本书，读者可全面把握中国宏观经济、产能周期、金融周期、投资时钟等重要领域与实体经济、产业结构升级之间的交互影响，寻找中国经济从高速发展转向高质量发展的投资路径，获得全面、独到的金融市场周期和大类资产配置的研究分析方法和交易技巧，因此本书具有重大的理论和实践参考价值。

我们经常会问，改革开放已41周年，我国经济社会究竟处于哪个发展周期阶段？是否又到了经济繁荣的历史转折点？经济周期背后的隐藏决定力量又是什么？本书从产能周期、金融周期、股市周期的历史演变规律中，找到了多股经济周期力量叠加运行的波动态势，中国经济结构存在周期弱化和产业升级的趋势，其潜在增长率取决于技术进步和创新转型的动力，资产流动性、经济增长、通货膨胀、去杠杆四大维度决定了本轮经济周期已进入下半场。经济长波周期本身被视为社会演化的过程，包括技术、经济、制度三个层面，三者的演变会对社会结构和社会文化产生的影响。笔者认为，经济周期存在基本演进路线：技术创新→经济增长→制度变革。经济长波60年的运动发端于技术创新，随着新技术的导入与资本的狂热，极大地推动了经济的增长。随着新技术逐渐从主导产业向全产业渗透，技术的边际收益降低，经济长波效应从衰退走向萧条，创新周期迎来爆发期，企业创新红利不得不靠并购重组集中利润或走向海外输出产能，体制改革通过促进精细化管理发展来降低成本，提升效率。当然，不能否认经济周期波动与产业布局不平衡对推动区域经济发展的巨大贡献，在政府的扶持和帮助下，创业投资、产业孵化器等对区域经济的发展起到催化和推动作用，有效化解或转移了各类风险，孵化出高层次、高周转、高成长的真正意义上的高科技企业。当前我们更应尊重市场规律，携手传统产业融合发展，进一步完善项目的科技、经济评估机制，实现从战略性产业向主导产业的转化，则产业关联和扩散效应就会大大增强，从而形成相应的生产力，促进产业结构的优化升级。股市是经济发展的“晴雨表”，股市周期循环受宏观经济周期和产业结构政策影响较大，本身也反映市场预期的周期规律，是经济长波周期子循环的延续过程。自改革开放算起，中国经济长波周期已经历41年之久，伴随着科技创新发展的兴盛，本轮经济周期还将面临一波强劲的上升趋势子循环（2023—2026年），而当今正处于经济周期和股市周期两个周期的转折处（2017—2021年），承上启下，可以预见本轮经济长波周期循环区间为1978—2031年。

经济周期决定股市周期，经济过热时股市下跌，经济滑坡时股市继续下跌，经济触底时股市上涨，经济回升时股市继续上涨。股市周期会从宏观和微观两个方面间接地影响经济周期，宏观上通过金融市场和产业政策来产生作用，而微观上则会影响企业的经营和发展。股市周期不会对宏观政策产生太大的影响，仅仅影响到主要行业的周期性，从而影响产业结构升级。

“美林投资时钟”为股票市场的择时奠定了坚实的基本面基础。这是最近10年经济学界朝向资产宏观定价努力的成果之一。经济学不能够给出未来资产的涨跌预测，这是百年来令经济学家颇为难堪的事情。但是，随着以“美林投资时钟”为代表的一系列资产宏观定价模型的提出，宏观经济学开始为金融交易提供有效的指引。预期和资金流向这两个因素都会受到经济周期的制约，经济周期会影响不同资产的收益率水平，比如在经济复苏阶段上市公司的每股收益上升，股权投资的收益率就会上升，这样就会改变整个交易界的预期，从而引发资金流向股票市场。随着经济过热，对于原材料的需求增加，这会使得大宗商品的预期价格上涨，这就提高了商品期货的预期收益率，进而引发资金流向商品期货市场。当然，经济周期除了会引发大资产之间的预期收益差变化之外，还能够改变整个投资交易群体的风险偏好。比如，2005—2007 年，由于外汇占款增加，中国的资金流动性大幅增加，社会资金宽裕使得投资群体更加愿意追求高收益和高风险的资产标的，导致股票、收藏品、房地产和普洱茶等高风险的资产价格大幅上涨。接着，由于美国次贷危机和央行持续紧缩，社会资金的流动性变得紧张，这就降低了大众的风险偏好，导致大量资金从高风险的资产撤出。此后，由于4万亿元投资计划的提出，以及央行超历史纪录地供给货币，社会大众的风险偏好再度上升，中小板和房地产再度飙升，创出新高。风险偏好、收益率差异和资产负债表都是随着经济周期的波动而发生有规律的变化的，而这三者的有规律的变化会引发大众预期和资金流向的有规律的变化，进而引发股票、商品和债券等金融市场的有规律的中期涨跌。

明白了预期就能够先发制人，这是短线高手的秘笈。除此之外，我们还需要交叉验证来保障准确性，资金流向能够帮助我们做到这点，因为市场各个参与主体的预期只有体现为资金流动才能对大盘和个股造成影响。那么，如何判断资金流向呢？可以通过开户数变动趋势、银行间市场资金的紧张程度、大类资产的相对收益差别、居民家庭资产负债表变化、央行资产负债表变动情况、股票成交量等指标来研究资金流向。还有一些高明的技术指标使用者，他们懂得从心理的角度来看待股价指标的含义。比如双顶形态可反映市场心理和资金流向，再结合其他因素进行交叉检验，这样才能避免知其然而不知其所以然。

转折期投资不能走寻常路。传统思维的投资逻辑往往是单一的、线性的，而单一的推断往往是不成立的。在做投资分析的时候，分析师往往比较注重股票估值水平的高低，而影响估值水平的因素有很多，如宏观因素、心理因素、估值因素（现金流贴现等），多种因素共同作用导致了市场波动。所以，我们不能只讲估值不讲偏好。打破思维惯性的最佳方法是采取趋势技术，趋势会告诉投资者现在市场所处的状态和方向，但是趋势不会告诉你极限在哪里。因此，正确的投资交易心理是等待趋势的确认，当主力将市场筹码收集得差不多、处于主动地位时，就会将投资标的快速拔高，让大多数投资者望而却步。题材是短线行情中预期把握的对象，主题则是中长线行情中预期所把握的对象。以社保资金、汇金公司为代表的“国家队”以及产业资本善于把握主题行情。他们的思维特征是善于抓住一波牛市的主要驱动因素，善于做大布局，对趋势的感知能力强，先知先觉。总而言之，预期是市场各个参与主体对大盘、板块和个股未来走势的看法，这个看法往往受制于一个题材或者主题，如果从事短线交易往往需要把握住这一题材或者主题。每一段行情都有一个核心的预期在起作用，如果你能够尽早发现这一预期，那能够无往不利，这是A股市场成功者每回交易都离不开的核心要素之一。在转折处的投资题材或者主题，可选择新型城镇化、粤港澳大湾区、创投、园区开发、高端装备制造、养老产业概念板块。从短中线追逐热点的角度看，选择日换手率相对较高的区块链、金融科技、人工智能板块相对较为抗跌，安全系数要高些。由此看来，转折处的经济动力源于城镇化和加快区域经济的发展，高端装备、人工智能、区块链和金融科技是其动力源的载体，改善民生，实现可持续、高质量发展是最终的目标。在转折处的投资之道就是寻找题材或者主题产业周期趋势。

当你通过解读市场预期和剖析资金流向作出判断之后，不要简单地买入，其中涉及仓位管理问题，为落实“进出加减”的具体问题，就不得不运用技术分析的工具，所以技术分析其实是仓位管理的基础之一。通过深入地观察和剖析预期以及资金流向趋势，我们其实是在选择进场和出场的时机。根据宏观经济和行业发展周期来择时是巴菲特交易哲学的进步，在市场和公司出现极端悲观情绪时选择进场，这其实是通过对预期趋势的研判来选择较安全的进场时机，也是对转折期投资的理解和深化。笔者预测本轮股市周期（2011—2021年）已进入转折期，不可否认市场还存在最后的反弹机会，高点有望在2020年中到达4130点。而筑底过程或将贯穿于2019年大半年，筑底高度不会超过1000点，真正强劲的多头牛市峰值会出现在下轮股市周期（2022—2031年）的第4年，即在2025—2026年再见大牛市，突破历史高点6124点，中国经济再见辉煌！

不要被上面这些理论化的陈述吓坏了，更不要因此认为这些东西跟主流经济学一样是“马后炮”。如果你能够深入理解，自然获益颇丰。本书从经济周期、股市周期、产业政策、投资逻辑等视角分析了周期品投资、科创投资和房地产投资的投资之道，追逐经济周期与资产价格的波动趋势，探寻转折期穿越牛熊周期的投资路径，对中国证券市场投资、私募股权投资、房地产投资和园区投资感兴趣的机构及个人投资者可通过阅读本书掌握寻找转折期的方法和技巧。本书对关注粤港澳大湾区经济建设和投资环境的区域经济研究者和投资者也有很好的借鉴意义。

最后，需要感谢国元证券珠海营业部总经理李强先生和国元证券研究所所长吕海、高级研究员周海鸥等同仁为本书所付出的辛勤劳动和支持。另外，衷心感谢国元证券股份有限公司对本书出版的鼎力支持，也感谢上海证券交易所曹庆宏先生和上海淳金投资管理有限公司陶春先生及上海益镇物业管理有限公司刘文祥先生所倾注的热情关切，以及珠海永乐盛昌资产管理有限公司广大同仁付出的辛勤劳动和努力。